Biblioteca
Walter Riso

YA TE DIJE ADIÓS, AHORA CÓMO TE OLVIDO

Una guía para sacarse al ex
de la cabeza y el corazón

WALTER RISO

YA TE DIJE ADIÓS, AHORA CÓMO TE OLVIDO

Una guía para sacarse al ex
de la cabeza y el corazón

OCEANO

YA TE DIJE ADIÓS, AHORA CÓMO TE OLVIDO
Una guía para sacarse al ex de la cabeza y el corazón

© 2016, Walter Riso
c/o Schavelzon Graham Agencia Literaria
www.schavelzongraham.com

Diseño de portada: Estudio Sagahón / Leonel Sagahón

D. R. © 2017, Editorial Océano de México, S.A. de C.V.
Eugenio Sue 55, Col. Polanco Chapultepec
C.P. 11560, Miguel Hidalgo, Ciudad de México
Tel. (55) 9178 5100 • info@oceano.com.mx

Para su comercialización exclusiva en México, países de Centroamérica
y del Caribe, Estados Unidos y Puerto Rico.

Primera reimpresión en Océano: agosto, 2017

ISBN: 978-607-527-262-7

Impreso en México / Printed in Mexico

Es tan corto el amor y tan largo el olvido.

PABLO NERUDA

Índice

Porque abandonas quien eres por alguien mas?

Introducción

Hay relaciones afectivas y personas que nos marcan a fuego, como si se enquistaran en nuestro ADN y en la esencia que nos define. Cuando esto ocurre, no sólo vivimos *con* ellas, sino *por* ellas, lo cual complica cualquier rompimiento o disolución. Perderlas genera un vacío angustiante y devastador. En estos casos, la gente que se separa o es abandonada por su compañero o compañera se pierde a sí misma en un laberinto de dolor y desesperación.

¿Cómo superar la ausencia de quien fue vital para nuestra vida amorosa? Pues no se trata de olvidar, literalmente, a quien quisiste alguna vez o aún amas, ni ignorar su existencia o desconocer la historia del vínculo que sostuvieron. Lo que logra un duelo afectivo "bien llevado" es poder recordar sin dolor, sin amor y/o sin resentimiento. No es una amnesia profunda; es una transformación y un desvanecimiento de aquellos sentimientos que te ataban a la persona que fue tu pareja: "extinción del afecto" o, si se quiere, una forma de "olvido emocional". Si has llegado a la conclusión que "ya no sientes nada" por tu ex, eso significa que te has vaciado de cariño, que te has liberado. Tu cuerpo ya no reconoce aquello que sintió una vez o lo recuerda a duras penas, pero ese "recuerdo" es básicamente cognitivo y no emocional. Desde este punto de vista, cuando de amor se trata, decir "Te olvidé" es sinónimo de "Ya no te amo" o "Ya no me dueles".

Aceptar una pérdida en última instancia significa desvincular-se, desligarse o desapegarse de la persona que ya no está, lo cual no implica odiarla o desearle el mal, porque eso también te sometería a tu ex. El odio puede atarte tanto como el más fuerte de los amores. Más bien se trata de alcanzar cierta "imperturbabilidad afectiva" o, de ser posible, una amistad, tal como sucede en aquellas parejas que terminan su relación cordialmente y de común acuerdo. No obstan-te, es verdad que a veces llegar a esta "neutralidad sentimental" se complica bastante si hubo violaciones a los derechos personales y maltratos físicos o psicológicos. Pero aun en estos casos, la experien-cia terapéutica muestra que es posible alejarse emocionalmente de quien fue tu media naranja, por más agria que haya sido, para que no te siga lastimando. Aunque en este instante lo veas imposible y lejano, lo que sientes se evaporará como lo hace el aroma de un per-fume que dejó de utilizarse.

Los duelos afectivos muestran una diferencia crucial con aque-llos duelos por una persona ausente que ha fallecido físicamente. En los primeros, la expareja sigue vivita y coleando, y la mente, por un tiempo (a veces corto, a veces largo), puede alimentar la esperan-za y la posibilidad de restablecer lo que se rompió; como si dijera: "El amor está en terapia intensiva, pero todavía respira". Esa pizca de ilusión, que se instala incluso cuando el desamor del ex o de la ex es evidente y definitivo, dificulta muchas veces la *resignación*: "Ya no hay nada que hacer", o la *aceptación* de la situación: ver las co-sas como son y afrontar la nueva realidad. Hay una rendija, una luz, un pequeño anhelo que nos murmura: "Puede que regresemos y que todo vuelva a ser como antes". De ahí la testarudez amorosa de los que no se dan por vencidos y se dedican a esperar el milagro de una resurrección afectiva.

Sin embargo, no toda ruptura es catastrófica. Si tu pareja te amargaba la existencia y se fue con un nuevo amor, quizá sufras al principio (así sea irracional o inexplicable tu dolor); pero si procesas bien la información, terminarás agradeciendo a la divina providencia que ya no esté en tu vida. En cambio, la pérdida afectiva inesperada en una relación que era buena o muy buena puede convertirse en un tsunami emocional. Una paciente me decía: "Hace unas cuantas horas estaba con él y todo marchaba sobre ruedas, hasta que me dijo que se iba de la casa. Y así, de sopetón, de un día para el otro, me desperté sola en mi cama, sin el hombre que amaba. Y hoy, después de casi dos años, no me explico qué pasó". Esta descripción se repite en infinidad de casos y tiene como factor sorpresa dos sentimientos que se entremezclan: desolación y decepción. Aunque mi paciente se equivocaba en algo: no todo "marchaba sobre ruedas". Uno no descubre de repente que no ama a su pareja y decide irse. El desamor se va tejiendo por lo bajo y no pasa desapercibido para quien lo siente, en este caso concreto, su esposo. Recapitulemos. *Desolación*: porque la orfandad emocional te llega hasta los huesos. *Decepción*: porque piensas que tu gran amor debería haberte avisado a tiempo, si la indiferencia tocó a su puerta. Entonces la mente, que siempre es parlanchina, repite, con un martilleo que taladra el cerebro y el corazón: "¿Por qué no me lo dijo cuando era posible solucionarlo?", "¿Por qué no le importó mi dolor?", "¿Por qué no luchó por lo nuestro?".

Es claro que no todas las pérdidas se procesan igual. Variables como la personalidad, la seguridad en uno mismo, la historia afectiva de la pareja, el sistema de valores, entre otras, actúan para facilitar o lentificar la tolerancia y la elaboración de la aflicción. No obstante, muchos autores sostienen que el duelo está determinado por algunas etapas más o menos generales. En el caso concreto del duelo "afectivo", y de acuerdo con mi experiencia clínica, es posible considerar algunos estadios móviles, que a veces se superponen y también se diferencian en tiempo e intensidad. Sin pretender establecer un marco de referencia rígido, podríamos definir siete momentos: aturdimiento/negación, anhelo/recuperación, búsqueda de explicaciones, ira/indignación, culpa/humillación, desesperanza/depresión y recuperación/aceptación. Vale la pena recalcar que no todos los dolientes siguen necesariamente estos pasos. He visto pacientes que mezclan algunos o se saltan otros, pero los elementos que menciono suelen estar presentes de una forma u otra.

¿Qué hacer entonces? Lo verás y entenderás a lo largo de cada capítulo de este texto: pelear la vida. A regañadientes, a las malas, con las uñas, como quieras, pero no hay otra opción. Puedes sentarte a llorar tu *mala suerte*, a lamentarte de la "injusta" soledad, a sentir lástima por tu aporreado yo y autocompadecerte. O por el contrario, puedes levantar la cabeza y aplicar una dosis de racionalidad a tu desajustado corazón.

Analiza las siguientes reflexiones. Piénsalas con cada átomo de tu cuerpo, con lo más profundo de tu ser:

- Si te dejó, si se fue como un soplo, si no le importaste, si te hizo a un lado con tanta facilidad, si no valoró lo que le diste, si apenas le dolió tu dolor, si decidió estar sin tu presencia, ¿no será —y lo digo sólo como hipótesis— que no te merece?
- Y si te dejó porque ya no te ama, porque se le agotaron los besos, y hasta la más simple de las caricias se le convirtió en tortura, ¿no será —y lo digo sólo como hipótesis— que ya no te ama?
- ¿Y no será que, si fue cruel o se le terminó el amor, ya no tiene sentido insistir en resolver lo que ya está resuelto? ¿No será que hay que quemar las naves, cerrar el capítulo y construir un nuevo proyecto de vida?

Este libro es una guía práctica para ayudar a los que se ven obligados a superar una pérdida afectiva e intentan sobrevivir dignamente. Reúno aquí un paquete de estrategias muy eficientes para acompañar o facilitar el proceso de pérdida y hacerlo más llevadero, respetando desde luego su normal desarrollo. También se pretende evitar que la persona aquejada caiga en un duelo complicado.

Este libro no eliminará el dolor que necesariamente debes sentir para salir adelante, pero lo hará más comprensivo y llevadero: lo transformará en un sufrimiento útil. E incluso es posible que el trauma que hoy te desmorona invierta su tendencia y te lleve a un *crecimiento postraumático*, a partir del cual desarrolles tu potencialidad como nunca lo habías hecho antes.

La premisa es como sigue: si logras desvincularte de tu ex (o de cualquier amor imposible que ronda tu vida) de manera adecuada, podrás reinventarte como se te dé la gana. El tiempo ayuda, es cierto, pero hay que ayudarle al tiempo. Sin acelerarte, al ritmo natural que marque tu proceso interior y siempre avanzando. De ti depende y de nadie más. Toma la decisión profunda de soltar de manera definitiva los lastres afectivos que no te dejan crecer y te sorprenderás de lo que eres capaz. Que tu fortaleza interior marque el paso de un adiós definitivo y contundente.

> ↳ Transformar el sufrimiento
> ✳ en un sufrimiento ÚTIL =

1

"ESTO NO ME PUEDE ESTAR PASANDO A MÍ"

La cuerda cortada puede volver a anudarse, vuelve a aguantar,
pero está cortada. Quizá volvamos a tropezar, pero allí donde
me abandonaste no volverás a encontrarme.

BERTOLT BRECHT

La confusión inicial y la importancia de un *Plan B*

"¡Pensé que mi matrimonio era para siempre!", me decía una joven mujer devastada emocionalmente. Su culpa no hacía más que contribuir a una depresión avanzada. Se repetía una y otra vez: "¡Cómo no me di cuenta!", "¡Debería haber hecho algo para salvar la relación!". Realmente lo había intentado, pero su marido era un mal tratante incurable y muy resistente al cambio. En cierta ocasión, el hombre me confesó: "No la soporto, con sólo verla me provoca fastidio". Y aun así, ella se debatía en un conflicto tan punzante como irracional: por un lado lo quería y esperaba que él se convirtiera en una persona pacífica y amorosa, y por el otro, pensaba que no era justo el trato que le daba. Su enredo mental quedó plasmado en una de sus afirmaciones: "Lo amo y lo odio a la vez, me siento paralizada". La mente y el corazón enfrentados a cien kilómetros por hora y el alma en vilo: *esperar lo imposible, añorar lo que podría haber sido y no fue*. Algunas víctimas del desengaño dicen que se ven a sí mismas como si fueran los actores de una película que están observando. Ajenos a su propio yo, su vivencia se hace cada vez más irreal.

Si te encuentras comenzando la experiencia de una pérdida o ya pasaste por ella, sabes de qué hablo. Lo sabes muy bien porque lo llevas encima, incrustado a fuego, como si te hubieran robado tu energía vital. Para colmo no falta quien llegue a darte ánimo de la manera más tonta: "Ya pasará"... Y tú piensas: "Sí, pero ¿cuándo? ¡Yo quiero que se acabe ya!". Eres un manojo de síntomas que no puedes descifrar, y todo se revuelca en ti.

Pero si la ruptura afectiva es un hecho, no te autoengañes: no es un sueño, es realidad pura y dura. Ya descubriste la verdad, la estás viviendo en carne propia: *pueden dejarte de querer y renunciar a ti; no hay amor garantizado y eterno.* El desamor se cuela en cualquier momento y hace estragos, porque nadie tiene el "deber" de amarte, así tu ego se resienta. De todas maneras, te lo aseguro, saldrás de ésta. Que estés leyendo este libro u otros más es un comienzo. El criterio profesional dice que el duelo dura un tiempo determinado, que no es para toda la vida y que lo que hoy lloras, después es probable que te parezca una tremenda burrada. Como esos novios o novias de otras épocas por los cuales hubieras dado la vida y hoy los recuerdas, en el mejor de los casos, con una pizca de ternura. Pregúntate y verás: ¿qué te produce hoy pensar en el ex de la adolescencia? Ni la más mínima taquicardia, ¿verdad? Ni cenizas quedan.

Hay millones de personas víctimas de la pérdida afectiva en todo el mundo que vuelven a recuperar el habla, los sueños y la esperanza. Eso sí, hay que recorrer un camino de reestructuración mental y emocional y rescatar la capacidad de amar "desde el subsuelo". Adquirirás una nueva identidad, un nuevo "yo", ya que nadie puede seguir siendo el mismo cuando se somete al desamor. Ahora ya no eres "pareja de"; eres libre, con la soledad a cuestas y rehaciéndote, revisándote, así sea en terapia intensiva.

Te preguntas: "¿Por qué a mí?", y mi respuesta es simple: "Forma parte del juego del amor, del riesgo natural de lo impredecible". Quizá pensaste que lo tuyo era especial y estaba auspiciado por alguna fuerza cósmica, pero te equivocaste. Todo fluye, todo cambia de manera constante, incluido lo que somos y cómo nos relacionamos.

*If there is a constant change in us, my man and I need to love the change within us".

"se entregó ——→ *cual es el limite de entrega en el Amor?* *más allá Del limite"*

" EN EL AMOR, SIEMPRE HAY QUE TENER UN PLAN B"

No hay un designio oculto que te haya señalado específicamente a ti para hacerte inmune al amor que duele. Simplemente ocurrió.

Un paciente me decía: "Vivo por inercia. Me desplazo mecánicamente, como un zombi. Ella lo era todo para mí, era mi consciencia, el motivo de mi existencia". Es decir, era su ser. ¿Cómo puede alguien llegar a representar "todo para el otro" y anular el mundo? ¿Cuál es la causa de semejante actitud? ¿Un problema de cálculo? ¿Haber confiado demasiado en el amor? ¿Algún lavado cerebral que terminó aplastando millones de neuronas? Tómalo como ejemplo: si tu pareja lo es todo para ti, tú sólo serás un triste reflejo de quien amas. Tu pareja es, o fue, una referencia afectiva, pero no puede constituirse en el único y último significado de tu existencia. Mi paciente redujo su experiencia vital a la persona amada porque se entregó más allá del límite y ahora iba de aquí para allá como un alma en pena, sin motivación interna, sin autodirección. La "conductora" de su vida, su "guía existencial", se había marchado, y él no tenía un plan B; y en el amor siempre hay que tener uno. Había llegado el momento de tomar el control de su vida, mandar sobre sí mismo, y no sabía cómo hacerlo. Pregúntate: ¿tienes el control de tu persona, por si el amor te da la espalda?

Si te ocurrió algo similar y tu pareja resultó ser una especie de administradora o regente que ordenaba tus pasos y tu felicidad, planeaste mal tu vida. Hay que reprogramarla. ¿Qué es un Plan B? Estar preparado para seguir viviendo intensamente, aunque el otro te mande de paseo. Armar un kit con, al menos, cinco estrategias de afrontamiento que tienen que ver con la posibilidad de crear un nuevo estilo de vida (a lo largo del libro irás construyendo tu conjunto personalizado de competencias para afrontar la pérdida):

> La independecia util
> al tomar decisiones sanas para mejorar tu vida

1. Ser capaz de abrazar la soledad y sacarle jugo.
2. Aprender a perder y comprender que hay cosas que escapan a nuestro control.

    Let go of what you can not control > or in other words accept what you can not control.

3. Fortalecer la independencia y la autonomía.
4. Desarrollar un espíritu de aventura y audacia.
5. Haber adquirido un interés vital absorbente que le dé sentido a tu vida (pasión, ganas o entusiasmo por una causa).

Si posees estas habilidades, te será mucho más fácil sobrellevar el desamor de cualquiera, el dolor será menos intenso y no te incapacitarás ni andarás pidiendo limosna afectiva. Podrías pensar que nadie se prepara para una ruptura de pareja; sin embargo, la experiencia muestra que sí es conveniente hacerlo de manera realista, para que no te tome por sorpresa. No hablo de pesimismo malsano, sino de desarrollar una actitud preventiva.

Todo el mundo habla sobre la importancia de vivir en pareja, de salvar el matrimonio, de amar al otro por sobre todas las cosas, pero nadie nos alerta sobre la posibilidad de un hundimiento amoroso. Todos necesitamos un manual de primeros auxilios para aprender a ser un "buen náufrago" del amor, en caso de que nos toque. Los sacerdotes y los notarios deberían exigir este kit de salvamento u otro para poder unir en matrimonio a alguien: "Bueno, ya sabemos que ustedes se aman y quieren estar juntos, ahora explíquenme cómo piensan sobrevivir a una posible separación (que ojalá no suceda). ¿Están conscientes de que esto podría ocurrir?". Una persona muy creyente en su religión me decía: "Dios se encargará de mantenernos juntos", y yo le respondí: "No basta con eso. Dios le da el papel y la tinta, pero usted escribe su futuro. Él bendice su matrimonio, usted lo dirige".

> QUE FRACE TAN MATONA DIOS MIO!!!

Tres preguntas inevitables a las que debes dar respuesta, si no quieres que se enquisten

Haz de cuenta que eres un combatiente que regresa de una guerra y, en plena crisis existencial, comienzas a preguntarte cosas como: "¿Seré capaz de vivir en este mundo?", "¿Quién soy en realidad?", "¿Qué sentido tiene todo?", "¿Qué me espera?". En fin: con la barca a la deriva y totalmente desubicado. Los combatientes del amor que han sido heridos por el desamor, igual que aquellos soldados que retornan de la guerra, muestran cierta decepción por la naturaleza humana. En sus mentes anida una desilusión básica y radical. Una paciente me comentaba: "Mi marido me dejó por otra. Ya no creo en nada ni en nadie". Tajante y categórico. En las víctimas de una pérdida afectiva, el desamor arrastra tras de sí una inevitable devaluación por el género humano. Es la depresión que asoma peligrosamente y que conviene atacar para que no eche raíces. Aunque ahora te cueste creerlo: ni todos los hombres ni todas las mujeres del mundo son "igualmente perversos". Muchas son personas extraordinarias y dispuestas a jugarse el pellejo por un amor sincero y saludable. Así que no saques conclusiones apresuradas. El mejor aprendizaje es el que te hace separar lo tóxico de lo saludable, discernir sin generalizar y sin llegar a conclusiones apresuradas.

Aunque las preguntas que se producen durante un proceso de duelo afectivo son muchas, haré hincapié en tres de las más frecuentes y con mayor daño potencial, si no intentas extirparlas: "¿Por qué no vi venir el desamor de mi pareja?", "¿Hasta dónde soy culpable de lo que ocurrió?" y "¿Es posible que se arrepienta y quiera volver?". Cuando una relación se hace añicos, es natural que la mente intente explicarse lo sucedido y escarbe en busca de algún significado que sitúe el dolor en un sitio más comprensible. Analicemos estas preguntas y sus posibles respuestas en detalle.

"¿Por qué no vi venir el desamor de mi pareja?"

La mayoría de la gente no se da cuenta del desamor del otro hasta que el hecho ya está consumado. No es tan fácil enfrentarlo en el momento oportuno porque tendemos a minimizar y a quitarle importancia a los alejamientos afectivos de la pareja, y lo que suele ocurrir es que, cuando sentimos la indiferencia profunda del otro hacia uno, ya es tarde e irrecuperable. Funcionamos con una estrategia de evitación defensiva: pensamos que los altibajos son transitorios, que el amor nunca está en juego, y cosas por el estilo. El temor a la pérdida nos quita fuerzas, atención y vigilancia, nos vuelve lentos e inseguros.

Veamos dos posibles respuestas racionales y adaptativas a la pregunta arriba planteada:

- Quizá (y sólo es una posibilidad) tu pareja sea una gran simuladora, y pese a la extinción del amor, seguía mostrándose como la gran amante. ¿Cómo ibas a darte cuenta? En general uno no deja de amar de un día para el otro. Nadie se levanta una mañana, y dice: "Qué curioso, ayer te amaba y hoy ya no". El desamor requiere de un proceso que arroja señales y deberían aparecer, si nadie lo oculta o intenta encubrirlo. Algunos indicadores de desamor son: frialdad sexual, lejanía afectiva, desinterés, silencios inexplicables, aburrimiento, falta de comunicación y discusiones frecuentes. No obstante, insisto: aun si nada de esto se hace patente y tu media naranja te dice adiós de un momento a otro, algo no ha funcionado bien en cuanto a la comunicación.
- Es posible que haya gente que viva en la indiferencia cotidiana desde tiempo atrás y que por obra y gracia de la rutina piense que su relación "es normal". La ausencia de afecto se

hace rutinaria y la pareja se acostumbra a ello. Si éste es tu caso, es natural que no hayas "visto venir el desamor" porque ya estabas metido o metida hasta la coronilla en él. Una mujer víctima de un matrimonio "indiferente" me decía: "No entiendo qué pasó... Todo iba bien. Ése era nuestro estilo, nuestra manera de 'amar'". Jugaban con fuego. Un "amor indiferente" es un contrasentido que se derrumba sobre sí mismo. Lo que se opone al amor no es el odio (ambos atraen, uno para bien y el otro para mal), sino más bien la apatía y la indolencia por la pareja.

Analiza lo escrito a continuación y saca tus conclusiones:

Tal como podemos ver, existen algunas respuestas razonables a la pregunta: "¿Por qué no vi venir el desamor y la ruptura?". Es importante que tengas en cuenta que el desamor no siempre se detecta. Y aunque conocer las posibles argumentaciones que vimos no resucitará el vínculo, quitarte el interrogante de la cabeza o resolverlo te producirá cierto alivio. Responde el interrogante como te plazca o tíralo a la papelera de reciclaje, pero no te quedes cavilando como si estuvieras buscando la cuadratura del círculo. No lo dejes flotando en el aire. Repitamos las posibilidades esbozadas: tu pareja ocultó su bajón emocional o pudiste haberte acostumbrado a la indiferencia. Las causas pueden ser muchas y variadas, pero repito: lo que debes tener en cuenta es que si una incógnita referida a tu pérdida se vuelve obsesiva, afectará el normal desarrollo de tu duelo.

"¿Hasta dónde soy culpable de lo que ocurrió?"

Los psicólogos suelen decir que cuando una relación de pareja no funciona, la culpa es de ambos, ya sea por exceso o por defecto de cualquiera, pero los dos son responsables del fracaso. Desde mi punto de vista, esta afirmación necesita un matiz, ya que no todas las culpas se reparten igual. He conocido parejas en las que atribuir la culpa a los dos, además de difícil, sería injusto, ya que uno de los miembros resulta ser la víctima del otro. Recuerdo a una mujer casada con un hombre muy infiel, cuya relación tenía una particularidad: las infidelidades eran cometidas con tal grado de discreción y solapamiento, que descubrirlo era prácticamente imposible. La señora se desempeñaba en un alto puesto en una empresa, era una excelente administradora de su hogar, amaba profundamente a su marido y confiaba plenamente en él. En apariencia todo funcionaba muy bien. Sin embargo, el hombre, aprovechándose de la confianza que le profesaba su mujer, mantenía amoríos de todo tipo, haciendo uso de una coartada difícil de desmontar: en casa era el mejor esposo del mundo. Su consigna era como sigue: "Cuanto más infiel seas a tu mujer, mejor marido debes ser". ¿Cómo diablos iba ella a sospechar? ¿Qué culpa tenía la mujer de que el señor sufriera de "infidelidad crónica"? Cuando ella se enteró de los engaños, decidió dejarlo con todo el dolor del mundo. Un sufrimiento que la hizo elaborar un duelo complicado porque seguía amando la parte buena del hombre. Amaba al Dr. Jekyll, pero no a Mr. Hyde. Nunca volvió con él.

No es lógico ni sano aceptar una culpa o una responsabilidad que no te corresponde. Un paciente, después de leer un manual de autoayuda para parejas, me decía: "Mi mujer me deja con la mayor indiferencia y frialdad. Me hace a un lado sin importarle un rábano los años que pasamos juntos, simplemente porque ya no me quiere, porque se cansó de mí y ya no le doy la talla. Fui un buen marido y la amé de verdad. ¡Y ahora resulta que, según ese libro, además de cargar la pena debo sentirme culpable! Me niego a asumir alguna responsabilidad en esta separación". Un punto de vista a tener en cuenta, sin duda. Algunas personas, cuando le dicen al otro que ya no lo quieren, aprovechan para lavarse las manos: "¡Te dejo porque no te amo y tú tienes la culpa!". Doble golpe. Como quien dice: "Hacer fuego del árbol caído". En una consulta, un hombre le dijo a su esposa: "Ya no te quiero y me voy. Y la única explicación que te daré es que no estuviste a la altura de la relación". La mujer no hacía más que llorar. Cuando pude hablar con ella a solas me manifestó que se sentía la "responsable" de la ruptura. Le había creído al hombre y no paraba de decirme: "¡No estuve a la altura, no estuve a la altura!". Nunca supimos qué significaba "estar a la altura", pero esa frase la acompañó por casi un año, martirizándola todo el tiempo. ¡Qué fácil es tirarle la basura al otro y crear "víctimas culpables"!

Analiza lo siguiente con cuidado:

> Para que no caigas en una laceración irracional, piensa concienzudamente cuánta responsabilidad crees haber tenido en tu separación. Piénsalo bien y en profundidad. Cuando lo tengas claro, asume tu parte de culpa. Simplemente asume "la parte que te corresponde", de manera razonada y razonable. Una buena autoverbalización sería: "Podría haberlo hecho mejor", o también: "Lo haré mejor la próxima vez". Pero no te castigues despiadadamente por ello. Deja constancia para tu autoestima de que no eres un "monstruo afectivo". Es verdad, tampoco eres un dechado de virtudes, ¿y qué? No te hagas un harakiri amoroso. Cabeza fría y autorrespeto, ante todo. Y si tienes una

pequeña dosis de narcisismo bien administrado podrías decir: "Que se vaya, no sabe lo que se pierde". No hablo de autocomplacencia egocéntrica, sino de valoración sensata. A la pregunta: "¿Hasta dónde soy culpable de lo que ocurrió?", responde con la mayor sinceridad que puedas y obra en consecuencia (repara el error, pide disculpas, asúmelo o déjalo pasar si no es importante), pero sin lastimarte inútilmente. De nada te sirve excusar el comportamiento del otro y magnificar tus "malos actos".

"¿Es posible que se arrepienta y quiera vuelva?"

[No vale la pena!!!!]

Es posible, siempre es posible: lo que no sabemos es si vale la pena. Cuando haces esta pregunta, estás esperando una respuesta afirmativa, ¿verdad? Una luz al final del túnel, mantener viva la ilusión de que todo volverá a ser como al principio. Lo que quieres es aferrarte a la esperanza de una resurrección afectiva que aplaque el dolor y recupere "lo que antes fue". Te pido que te detengas un momento y pienses qué es exactamente "lo que antes fue". Analízalo con cuidado, por favor. "Lo que antes fue": ¿era bueno?, ¿era extraordinario?, ¿te hacía crecer como persona?, ¿vivías con angustia o alegremente? Repásalo y pregúntate: ¿volverías atrás *con tranquilidad*, sabiendo lo que sabes ahora respecto a la relación? Reflexiona sobre esta pregunta: si él o ella se arrepintiera: ¿qué seguridad tendrías de que no se produciría una nueva crisis? Personalmente le tengo pánico al "arrepentimiento" de los ex, porque muchos, tarde o temprano, repiten el desamor. Además, ¿de qué se arrepentiría? ¿De haberte dejado de amar?

Recuerda que uno no puede traer o quitar el amor a voluntad. Habría que imaginarse que en la cabeza de tu ex se produjo un proceso similar al siguiente: te dejó de amar, luego volvió a amarte y se siente arrepentido o arrepentida de haberte dejado de amar. Es decir: se dio cuenta de que aquel desamor no tenía sentido y quiere volver contigo. Muy complejo para mi gusto, muy enredado para que entres allí.

Muchos de los que regresan con la cola entre las piernas *creen* amar a la pareja, lo creen sinceramente y después de un tiempo despiertan a la misma realidad afectiva. No digo que las "segundas oportunidades" siempre sean un fracaso: algunas arrancan y se mantienen en pie. Lo que sostengo es que no importa lo que diga y lo que sienta el ex, el amor de "segunda ronda" hay que verlo en el campo de acción, hay que evaluarlo en el ciclo de la vida cotidiana y en los hechos: hay que *probarlo*.

Otras veces, quien se fue y desea volver argumenta lo siguiente: "Me arrepiento de no quererte, así que quiero volver *a ver si logro amarte* nuevamente, porque me di cuenta de que *vales mucho* como persona". Como dije, uno no entra y sale del amor como entra y sale de su casa. Spinoza y luego Comte-Sponville decían que *no amamos a las personas porque son valiosas, sino que las vemos valiosas porque las amamos*. Pregúntate si tu ex necesitó perderte para "descubrir" que te amaba. Si fue así, ¿no cuestiona lo anterior la calidad de su amor? ¡Muchísima gente no necesita perder a su pareja para tomar consciencia de que la ama!

Algunos de mis pacientes se cuestionan: "¿Cómo no darle otra oportunidad?". Una mujer me decía: "¡Una más, por favor, sólo una, y si no funciona se acaba, lo juro!". Finalmente, por su cuenta y riesgo, volvió con el exmarido. El intento generó un juego de "perdones", "cortes" y "reinicios" que duró varios meses hasta que no pudieron más. La vida tiene que ser algo más que resolver problemas a toda hora. El amor dubitativo, que en el fondo es un desamor que no se decide, es agotador, y ellos no lo soportaron.

No vuelves con tu ex teniendo amnesia afectiva, no arrancas de cero como si nada hubiese pasado: llevas tu historia a cuestas. Las segundas oportunidades deben ser científicamente organizadas y sesudamente trabajadas. Así que no te hagas muchas ilusiones: no basta con abrir el corazón, también es preciso activar la mente y poner en práctica las competencias necesarias de conciliación. No basta con la "inspiración", se necesita una gestión inteligente y una buena administración de recursos emocionales. ¡En las lides del amor es tan fácil confundir el norte con el sur! Recuerdo el caso de un hombre separado que llamaba a su ex cada vez que le dolía la espalda y, según él, quedaba inmovilizado. Mientras duraba la "invalidez", ella se hacía cargo de él y colaboraba con él en todo. Cuando le pregunté a la mujer por qué asumía ese papel, me respondió: "Para mí es como un hijo". Y cuando hablé con el señor, me respondió sin dudar: "Ella me ayuda porque todavía me ama".

Analiza lo siguiente con cuidado:

Lo que debes tener en cuenta, entonces, no es sólo el arrepentimiento del otro, sino también la razón por la que te dejó. Podrías decirle algo así: "¿Quieres regresar? Pues primero explícame con claridad por qué te fuiste, y si no te es posible darme una explicación convincente, mejor quédate donde estás". Si la causa de su desamor sigue viva, es posible que tu pareja recaiga una y mil veces, y una y mil veces empezarás un duelo desorientado e inconcluso. Las segundas oportunidades tienen una mayor probabilidad de éxito cuando se tiene total claridad de lo ocurrido, por ejemplo: por qué se produjo la separación, cómo se mejoraría la relación, qué tanto amor queda, si se cuenta o no con una ayuda profesional, saber cuánto resentimiento hay y cómo manejarlo, y otras tantas.

2
SIGUIENDO SUS HUELLAS DESESPERADAMENTE

Desde que me cansé de buscar he aprendido a hallar.
FRIEDRICH NIETZSCHE

Anhelo y búsqueda

Como dije, no existe una "amnesia afectiva total". No se trata de que te des un golpe en la cabeza y generes un trauma encefálico que te deje sin recuerdos. No se puede "olvidar definitivamente" a quien marcó tu corazón e influyó significativamente en tu vida. La huella queda. Lo que sí puedes hacer, y el duelo bien llevado lo logra, es alcanzar ese punto en el cual eres capaz de *recordar sin rencor y sin angustia*. Un recuerdo limpio y sin resentimientos, tranquilo, que te genere una sonrisa generosa, un "dolorcito" manejable, amistad pura o alivio de no seguir allí y haberte librado de la tortura de estar con quien no debías. Como sea, lo que necesitas es deshacer el nudo emocional, resolverlo y dejarlo fluir.

¿Por qué te cuesta tanto olvidar? Una de las razones puede ser que en tu relación te volcaste demasiado a tu pareja y construiste tu existencia vital alrededor de ella. Es lo que pasa cuando dejamos de tener vida propia por amor. Una mujer de mediana edad recién separada afirmaba: "Por estar con él dejé a mis amigas, el club, el trabajo, todo... Lo dejé todo por él, y así me paga". Esta afirmación tiene al menos dos errores de concepción. Veamos en detalle:

- ¿Qué necesidad había de "dejar todo" por el otro? ¿Por qué era incompatible tener espacios personalizados y mantener

*Amar no es suicidarse psicologicamente *
YA TE DIJE ADIÓS, AHORA CÓMO TE OLVIDO
Amar es sumar,crecer *

su vínculo afectivo al mismo tiempo? Si fue porque el marido le impidió seguir con sus actividades normales, estuvo mal emparejada, y el error fue continuar con él y aceptar sus condiciones. Si fue porque ella quiso hacer todo a un lado por él, tendrá que asumir las consecuencias de una creencia irracional. Amar no es suicidarse psicológicamente. Cuando amas no sólo se juntan las personas físicas, sino sus mundos emocionales y espirituales. Los amores saludables no se anulan: se suman. Amar es sumar, crecer y nunca involucionar.

- "Así me paga", dice ella. ¿Acaso estaba vendiendo o comprando algo? No es muy lógico pensar que, como he perdido mi sistema de referencias sociales y afectivas por amor al otro, el otro debería por lo tanto amarme en pago o en compensación. De la premisa no se extrae la conclusión. Amar no es asumir una deuda y que la otra parte te "indemnice". Esa correlación no deja de ser infantil. Incluso podrías pensar exactamente lo contrario. He conocido personas que cuanto más desamor reciben del otro, más se enamoran, y cuanto más amorosa es la pareja, más rápido se "desinflan" de ella. Un hombre me decía: "Ella se derrite por mí, es muy querida y complaciente, pero necesito a veces un poco de indiferencia. Tanta amabilidad y ternura me empalagan. Es bueno que la mujer que amas te haga sufrir de tanto en tanto. Eso mantiene el amor vivo". ¿Cómo comprender y acoplarse a semejante razonamiento? No es fácil aceptar que la persona que amas te diga: "No me ames tanto, vuélvete apática de vez en cuando para que la llama del amor no se apague".

En esta etapa de búsqueda incesante, anhelarás a tu ex y lo perseguirás por cielo y tierra tratando de recuperarlo, física o imaginariamente. Te empecinarás en rescatar tu relación a como dé lugar. No te entregarás tan fácil a la pérdida y no la aceptarás bajo ninguna condición. Acariciarás un probable regreso y aparecerán en ti "dotes detectivescas" desconocidas hasta ahora. Tu ex se convertirá en un blanco móvil. Un impulso incontrolable te llevará a querer saber dónde está, qué está haciendo y, lo más importante, con quién.

Un fuerte sentido de posesión te conducirá a intentar recuperar lo que crees que te pertenece por derecho propio: su persona, su espíritu, su amor. No obstante, pese a tus cavilaciones y pronósticos, los hechos no avalan tal posesión. Siento decirte que no te pertenece y *nunca te perteneció*. Tu ex no es un objeto que adquiriste en alguna feria de esclavos. En el amor saludable nadie es de nadie, así que todos son libres de irse cuando lo consideren. Pueden hacerlo de manera correcta, siendo sinceros y tratando de hacer el menor daño posible, o mintiendo y sin que les importe para nada el bienestar de quien fue su pareja. Pero independiente de la "forma de romper", repito, tu ex no es tuyo ni tuya, no fue ni lo será. Así que ojalá deseches la tendencia que te mantiene en un optimismo fuera de foco (el sueño de una recuperación imposible) y te sirve de motor de búsqueda (persistir e insistir más allá de lo razonable).

Diez cosas que *no* debes hacer para "recuperar" a tu expareja, si quieres mantener la cordura y no alimentar una esperanza inútil

Conseguir información de tu ex apelando a los amigos comunes o a parientes

Repites el error una y otra vez: te pegas a cualquier cosa que lo retenga. Pese a la evidencia en contra, aún crees que tu ex sigue atado o atada a ti. Los recuerdos te conmocionan e inquietan. "Aún está vivo en mí", me decía una mujer. La confronté con la siguiente pregunta: "¿Y qué cosa alimenta esa 'vida', además de tus pensamientos y el deseo que aún profesas por él?". Y me respondió: "Lo que ocurre a su alrededor. Intento saber minuto a minuto lo que hace, adónde va, con quién se ve y hasta qué piensa. Sus mejores amigos son también amigos míos, entonces aprovecho y ellos me cuentan". Amor con espionaje incluido. Esos amigos comunes, quizá con buenas intenciones, la mantenían actualizada y no dejaban que su herida cicatrizara. Ella, mientras tanto, como una computadora de última generación, procesaba todo tipo de información y chismes sobre el hombre que aún amaba (Facebook incluido). Un duelo llevado así puede durar una eternidad, porque el otro siempre estará presente y activo en la mente. ¿Podrías elaborar una pérdida sanamente si, como hicieron algunos reyes a través de la historia, sentaras diariamente a tu mesa el cadáver embalsamado de la persona fallecida?

Haz tuyo el siguiente principio y tenlo presente, como si fuera una cuestión de vida o muerte: si quieres olvidarte de tu ex trata en lo posible de no saber nada, *absolutamente nada,* de él o ella. Entiérralo simbólicamente. Muérdete la legua, tapate los oídos, vete al desierto o haz alguna peregrinación a Tierra Santa, pero no preguntes ni te sigas relacionando con los mejores amigos o amigas de tu ex. Y si debes seguir viéndolos, pídeles que no te cuenten nada sobre él o ella. No alimentes un fantasma que te destruirá luego. Conclusión: cero información. En un mundo donde privilegiamos estar actualizados, yo te pido que hagas uso de la más cruda *desinformación* respecto a la persona que fue tu pareja. Cuando le pregunto a un paciente: "¿Qué sabes de tu ex?", y me responde: "No tengo la menor idea", no puedo hacer otra cosa que felicitarlo. ¡Ignorancia amorosa, bendita seas! Ni restaurantes, Ni lugares

Dos recomendaciones: que frecuentas.

- El duelo debes elaborarlo respecto a *todo lo que rodea* a la persona que aún amas. Un paciente separado hacía unos meses seguía viendo con frecuencia al que había sido su suegro, porque lo quería y además lo consideraba una buena persona. Lo llamaba, solía tomar un café con él y jugaban ajedrez. Pero esos encuentros también escondían una doble intención: saber de su exmujer, la que por otro lado tenía una vida social intensa y repleta de amigos. Cada vez que estaba con el señor se activaba el amor por ella. "¿Qué hago?", me dijo un día al borde de la desesperación. Le respondí que por ahora no viera al suegro y se buscara amigos lo más lejanos posibles a su ex. Insisto: una buena separación donde hubo un mal vínculo incluye alejarse de todo lo que rodea a tu expareja, familia incluida si fuera necesario. Los hijos son el único lazo permitido siempre, y además obligatorio.

- Otra cuestión que debes tener en cuenta es que no puedes dejar una droga probándola de vez en cuando: debes dejarla definitivamente y no consumir nada. Así te cueste, así te retuerzas y así la abstinencia te quite el aliento. No hay analgésicos ni medias tintas para esto. Intenta una nueva actitud: ¿no será que eres más valiente de lo que crees? Lee el siguiente enunciado con atención: *se fue, de él o ella sólo queda el recuerdo que tú alimentas como una forma de seguir estando allí.* En ti está la solución: aprender a perder y dejarlo o dejarla ir. ¿De qué te sirve alimentar esa memoria específica? Un hombre me decía: "Mientras piense en ella y la recuerde, sé que estará presente en mi vida". La premisa es terrible: si no la puedo tener en forma real, la tendré en mi fantasía, la mantendré viva de manera virtual. Una especie de holograma mental, cuando lo que se pretende es exactamente lo contrario. El proceso liberador de un duelo es diametralmente opuesto: es enterrar emocionalmente al que se ha ido en vez de dejarlo en "suspensión animada" o crear un santuario metafísico en su nombre.

Perseguir a tu ex

No sólo se ve en las películas policiales. La desesperación por ver al otro empuja a las personas a hacer cosas que nunca creyeron que fueran capaces de hacer. Una paciente decidió seguir a su ex para saber si el hombre se veía con alguien, y para hacerlo consiguió una peluca, ropa prestada y el automóvil de un primo. Lo siguió hasta un bar y se sentó a unas cuantas mesas de donde estaba él. Al poco rato, sus predicciones se confirmaron y magnificaron: ¡llegó nada más ni nada menos que su mejor amiga y lo besó apasionadamente en la boca! La sorpresa de mi paciente fue tal que se paró y tumbó una taza de café y un vaso de agua. Debido al ruido, el ex y su acompañante se dieron vuelta y la vieron allí de pie, inmovilizada, mirándolos fijamente. Él creyó reconocerla y le preguntó: "Melisa, ¿eres tú?". Ella lo único que pudo hacer fue salir corriendo y llevarse por delante todo lo que había a su paso, mientras pensaba: "¡Trágame, tierra!". Algunas semanas después, en una consulta, me dijo: "No sé qué es peor, descubrir que me cambió por mi mejor amiga o el ridículo que hice aquel día en el bar. Me avergüenza la sola idea de volverlo a ver". Pese a tener que elaborar un doble duelo, por la amiga y el novio, la vergüenza la ayudó a no volver a buscarlo, y poco a poco fue aceptando la idea de un adiós definitivo. Jugar a los detectives no es tarea fácil.

Cuando las cosas escapan de tu control debes dejar que sigan su curso, sin interponerte; sólo tienes que observar. Perseguir un imposible es una conducta irracional, de ahí que sentir desesperanza, en el sentido de "no esperar nada" o "aceptar lo peor", a veces es sa-ludable. Cuando persigues a tu expareja, ¿qué buscas? ¿Explicaciones? ¿Algo que justifique su alejamiento? O quizá guardes el deseo oculto de que todo se deba a un problema con solución y pasajero. Algunos ejemplos de "falsas ilusiones" y/o excusas para justificar el alejamiento afectivo de la pareja pueden ser: "Cayó en la droga", "Es víctima de una extorsión", "Le descubrieron una enfermedad incu-rable", "Es agente de la CIA", "Anda mal de la cabeza" y otras cosas por el estilo. La idea es salvar el amor del ex a cualquier precio: "No es que no me quiera, sino que existe un factor externo que explica el aparente desamor, pero en el fondo sigue amándome". Una mujer de mediana edad negaba el desamor del otro afirmando: "No quie-re amarme". Cuando persigues a tu ex la mente se debate entre dos expectativas: descubrir qué ocurre, y saber que aquello que esté pa-sando no sea grave. Por lo general no se cumple ninguna de las dos cosas.

Ir con brujos y adivinos

Muchas personas funcionan así: cuando la realidad escapa de sus manos, corren a buscar soluciones en el más allá. Entonces apelan a fuerzas oscuras o desconocidas que hagan por ellas lo que no son capaces de hacer por sí mismas. Fantasías, ensoñaciones y quime-ras de todo tipo acompañan las estrategias "sobrenaturales": com-prar velas de colores, mandar hacer pócimas, invocar a los espíritus o ubicar el lecho nupcial de acuerdo con determinado campo mag-nético. El pensamiento mágico no tiene fin, y es mucho más pun-zante cuando trabaja al servicio de un amor no correspondido.

Si sientes que te ha invadido la irracionalidad, reposa la men-te y trata de no meterte al sórdido mundo de brujas y adivinos. Ellos no podrán torcer los sentimientos de quien era tu pareja. Una paciente me decía: "Voy con los brujos porque supe que mi esposo tiene otra y quiere dejarme. Por lo que sé, la familia de esa mujer es muy esotérica y anda metida en cuestiones de magia, no sé si negra o blanca, pero parece que manejan fuerzas extrañas. Yo no puedo hacerle frente a esto sin la ayuda de alguien que tenga poderes especiales". Su meta era, nada más ni nada menos, que rescatar al marido de las garras de una peligrosa hechicera. ¡Vaya motivo de consulta! Le pregunté por qué había acudido a mí, un simple mortal, y me dijo: "Usted me arregla la mente, y ellos se encargan de combatir las energías negativas". A las pocas consultas me di cuenta de sus motivaciones reales: mi paciente había creado un esquema de fábulas y figuraciones para sufrir menos y escapar al cruel desamor de su esposo, a quien defendía a capa y espada, ya que lo consideraba víctima de un maleficio. Un día, tratando de confrontar sus pensamientos mágicos, le dije con especial cuidado: "¿Nunca ha pensado que quizá su marido y la que es su amante están juntos por obra y gracia de sus voluntades y predilecciones, y no por algo sobrenatural, oscuro o maligno? Eros flecha, pero la gente también pone de su parte. Yo creo que el amor y el desamor ocurren *naturalmente*, sin conjuros ni evocaciones extrañas provenientes de algún inframundo desconocido. Es mejor mirar las cosas como son, aunque duelan". Me miró aterrada y, señalándome con el dedo, me dijo a gritos: "¡Incrédulo, incrédulo! ¡Un psicólogo debe tener la mente abierta! ¡Me equivoqué con usted! ¡Me equivoqué!". Y se fue dando un portazo. En mi experiencia, las personas que entran en el juego de buscar explicaciones fantásticas se alimentan del autoengaño para mantener la fe de que volverán a rescatar a su pareja. El resultado es que pueden seguir allí por años.

No necesitas de dioses misteriosos o seres extraños para hacerle frente al duelo afectivo; y si llegaran a existir, con seguridad estarán ocupados en cosas más importantes que tu enredo de pareja. Depende de ti, y sólo de ti, salir adelante. No busques justificaciones extraterrenales: es más racional pensar que ya no te quieren porque el amor tomó otra ruta o declinó con el tiempo y el mal uso. Asúmelo sin recurrir a sortilegios estrafalarios. Si crees en Dios, reza, pero recuerda lo que dice el refrán: "A Dios rogando y con el mazo dando". Como dije antes, la fe en Dios te estimula y te da herramientas, pero eres tú quien toma la decisión final. En definitiva, todo está en tus manos.

Fabricar encuentros "fortuitos"

Los encuentros prefabricados tienen un gran impacto para la víctima del abandono: permiten volver a estar cara a cara con el ex, con el anhelo de revivir viejas pasiones. Unas cuantas palabras bastan para que la adrenalina se dispare: escuchar su voz, que te mire, que te sonría, ocupar el mismo espacio, todo contribuye a generar un efecto de deslumbramiento. Tanto es así que empezarás a ver cosas que no son. Un esquema de "recuperación amorosa" se encargará de crear expectativas de todo tipo a favor de una posible reconciliación. Un hombre relataba así su estrategia y posterior descubrimiento: "La seguí hasta el parque y actué como si me la encontrara de casualidad. ¡Fue maravilloso volver a estar frente a ella! Estaba más linda que nunca y fue muy amable. Yo diría, 'especialmente amable'... Me miraba con dulzura, y cuando nos dimos la mano se quedó un rato apretándola antes de soltarla y me sonreía con picardía. Fue muy bello y reconfortante para mi autoestima. Creo que aún hay posibilidades". Unos días después hablé con la mujer, y me dijo: "Quiero que me ayude a sacármelo de encima. Ya van tres veces en una semana que me lo encuentro. La última vez fue en el parque. Quería

salir corriendo, me sentí acosada. ¡Por favor, ya no sé qué hacer!".
El amor ve lo que quiere ver. El corazón siente lo que quiere sentir.

En otro caso una mujer "armó" un encuentro con su ex porque,
según ella, quería mirarlo a los ojos y preguntarle de una vez por todas si aún la quería o no. Le sugerí que no lo hiciera, dado que ella
estaba débil y la respuesta que daría el hombre era para mí evidente, pero ella insistió. Afirmó que se sentía fuerte para recibir cualquier noticia, pero que "mirarlo a los ojos" era su prueba de verdad.
Cuando lo tuvo frente a frente y le preguntó si la amaba, el ex se li-
mitó a decir: "No insistas, ya no te quiero". Mi paciente se desmo-
ronó anímicamente al instante. A veces, sobre todo en el amor, es
mejor esperar a estar fuerte. Hay cosas que no debemos decir ni pedir, porque su veracidad está implícita en la historia y en los actos
que vivimos. El amor verdadero habla, aunque esté en silencio, y el
desamor también.

Llamar para "saludar", o decir: "El teléfono se marcó solo"

¿Ya lo has hecho? Es muy común que las víctimas afectivas apelen
al móvil para escuchar la voz del otro y sacar algunas conjeturas.
"¿Aló? ¡Hola! ¡Perdóname, es que el celular se marcó solo! ¿Y cómo
estás, qué hay de ti?". Todo hace pensar en un plan perfecto hasta que escuchas del otro lado: "Discúlpame, pero estoy en una reunión importante. Luego te llamo". ¡Crac! El corazón suena como si
se hubiera partido en dos. Y comienza un análisis casi obsesivo de
tu parte: "Podría haberme preguntado aunque sea cómo estaba y no
lo hizo", "No hubo ninguna expresión emocional de sorpresa o algo
parecido al oír mi voz", "Ya no soy tan importante en su vida, al menos no tanto como la reunión que supuestamente tenía", "¿Y si no
había tal reunión?", "Me dijo 'luego' te llamo, pero no me dijo ni día

ni hora". El razonamiento, inevitablemente, te lleva a una conclusión: "No quiere verme ni oírme". Sin embargo, te aferras a las hipótesis más improbables, como por ejemplo: "No quiso demostrarme su interés porque quiere castigarme" o "Le duele hablar conmigo porque todavía me quiere". Anota esto: si alguien quiere estar realmente con la persona amada no desperdiciaría ninguna oportunidad, como por ejemplo la que tú le ofreces al llamar.

Otros van de frente: toman aire, sacan valor de lo más profundo de su ser y, con el miedo del rechazo a cuestas, llaman para saludar a su ex como si nada hubiera pasado. Es la técnica *kamikaze*. Teléfono en mano, como si no hubiera pasado nada. Y aunque tu voz suene alegre y relajada, te deshaces por dentro: "¿Cómo estás? Llamaba para darte un saludito". Haz un alto y analiza: ¿te has puesto a pensar qué esperas realmente con esta conducta? ¿Que te diga algo que no te había dicho antes? ¿Que vuelva a declararte su amor como hace años? ¿Lo que pretendes es simplemente sentir que el otro existe pese a todo y aún te dirige la palabra? O quizás, y sería lo más triste, lo que te empuja a llamar es llenar el vacío afectivo por unos segundos. Buscas un poco de alivio en su tono de voz, como el drogadicto: sólo un poco de la dosis para calmar los nervios. Aunque sabes que cuando tu ex cuelgue el teléfono y ya no escuches su voz, se disparará nuevamente la crisis de su ausencia, ahora mucho más intensa que antes de llamar. ¡No seas masoquista! ¡No te metas en la boca del lobo! Cada vez que hablas con él o con ella no contribuyes a olvidar la relación, sino a reactivarla con más fuerza y sufrimiento.

Indagar sobre su nueva relación o sus actividades con el sexo opuesto

¿Habrá algo peor que enterarse de que nuestra querida y adorada expareja, quien era nuestra dulce compañía, se ha enganchado con

No intentes que lasaro
Resucite

alguien? Cuando aparece competencia, las probabilidades de retorno disminuyen sustancialmente. Una paciente afirmaba con asombro: "¡No lo puedo creer! ¡Apenas nos separamos hace seis meses y ya sale con otra!". Es que seis meses, para alguien sexualmente dispuesto y de corazón abierto, no son pocos días, independientemente de con quién salga. Es probable que si se mandan las señales adecuadas durante ese tiempo se produzca algún enganche. Pero mi paciente iba más allá. El mensaje encubierto que la mortificaba era éste: "¡Cómo se atreve esa estúpida, si él es mío!". La confirmación de que tu ex está con otro o con otra es el derrumbe de prácticamente toda esperanza de reconciliación. Y digo "derrumbe", porque si hay otra persona, habrá sexo, nuevas sensaciones agradables, arrumacos, coincidencias existenciales, comunicación, amistad, en fin: habrá un nuevo vínculo, con todo lo que eso conlleva.

Si tu ex ya consiguió pareja, ¿para qué quieres meter el dedo en la llaga y "saber más"? Hay algo de morboso en esto de buscar obsesivamente quién es la competencia y hasta dónde llega su nuevo amorío. ¿No te basta con tener claro que ya no siente lo mismo por ti y está empezando una nueva relación? Lo que quieres saber es si se trata de una simple aventura o si la cosa va en serio, ¿verdad? Si queda una posibilidad de salvamento o todo está perdido. Y mientras intentas que Lázaro resucite, te vas haciendo daño y ni cuenta te das. La consigna es como sigue: deja que tu ex sea feliz, permítele vivir en paz. Si fue una buena persona, se lo merece, y si fue tóxico para tu salud, ¡que se vaya al cuerno! Que haga lo que quiera, la cosa ya no es contigo: esto es lo que tienes que entender. ¿Que no es fácil? ¡Obvio! Pero no tienes otra opción. Y aunque sea difícil, ten presente que miles y miles de personas lo logran día a día.

Devolverle cosas que le pertenecen "personalmente"

La mejor manera para resolver este punto es juntar todo lo que pertenece al otro y aún tienes en tu poder, envolverlo para regalo y mandárselo por el servicio de mensajería más próximo. Desprenderte de aquellas cosas que ya nada tienen que hacer contigo. Por correo, para que no tengas otro pretexto para verla o verlo. Una paciente esperó durante tres meses a que su marido se decidiera a volver con ella. Al ver que todavía seguía "inseguro", le empacó la ropa y unos libros en unas bolsas de basura sin usar y se las dejó en la portería del apartamento donde vivía. No esperó a que el hombre fuera a "buscar sus cosas". Además, el envío llevaba un mensaje de puño y letra, lo suficientemente explícito: "Me cansé de esperarte, ya no vuelvas". Valentía de quien no quiere ser una Penélope más.

Cuando seas capaz de decirle a tu ex, sinceramente y sin rencores escondidos: "Haz lo que quieras", habrás entrado al maravilloso mundo de la liberación afectiva. No te quedes con lo que no te pertenece, busca una partición de bienes justa y sin actitudes ventajosas. No hay nada mejor que quitarte de encima lo ajeno y poner las cosas en su lugar. ¿Te asusta que ya no haya nada que te ate a él o ella? Así es el desapego, ése es el corte básico que requiere tu autonomía. Un paciente guardó durante varios meses unas pantaletas usadas de su exmujer porque sentía que tal posesión lo mantenía aún cerca de ella. Obviamente este "vínculo" era simbólico y lo hacía sentirse bien. Cuando en una ocasión le dije que se desprendiera de su pequeño "objeto del deseo", se negó rotundamente y amenazó con no volver a consulta si yo tocaba el tema nuevamente. Era claro que había puesto el dedo en la llaga. La terapia duró casi dos años. No sabemos qué cosa puede atarte a tu ex: a veces es una foto, un pañuelo, un perfume o algo más sutil. Si te queda una pizca de valentía, sácala a relucir. Tira la carga física por la borda, que con el peso de los recuerdos ya tienes bastante.

Entrar a su Facebook y revisarlo exhaustivamente

Un espía indetectable: ésa es la ventaja de entrar a Facebook. Voyerismo craso y descarado y sin que te pillen: uno se exhibe y el otro observa entre bambalinas. Puedes ver si tu ex engordó, a qué fiestas asistió, sus viajes, sus proyectos afectivos y cosas por el estilo. Sin embargo, esta incursión, aunque a veces resulta dolorosa, también puede ser tremendamente útil porque te hace descubrir cosas que no sabías o no querías ver. Un paciente entró al Facebook de su exmujer y se encontró con el siguiente post, un mes después de separados: "¡Me separé, soy feliz, volví a nacer!". El motivo de consulta del hombre había sido el siguiente: "Doctor, vengo porque quiero recomponer mi matrimonio. Quiero cambiar. Mi mujer se ha tomado un tiempo para que recomencemos una vida nueva. Nos queremos mucho y además están los hijos". Muy tenebroso, considerando lo que pensaba su ex en realidad. Uno preparándose para volver, porque estaba seguro de que lo esperaban, y la otra saltando de alegría porque al fin era libre. La ex no había sido sincera con él y se dedicó a un doble juego: alimentaba las esperanzas del hombre, mientras se preparaba para una vida sin él. Pero dejó demasiadas pistas. De más está decir que el hecho generó un desajuste emocional en mi paciente que duró meses. La deshonestidad de la persona que amamos es un golpe duro del cual no es fácil recuperarse. Si la cosa va en serio y quieres actuar inteligentemente, elimina a tu ex como contacto, bloquéalo y sácalo de tu computadora y tu móvil. ¿Eres capaz de apretar la tecla mágica? Si lo haces dejarás de alimentar, aunque sea en parte, la dependencia que te aqueja.

Una cuestión adicional: si tu ex sabe que lo sigues minuciosamente en el Facebook, le estás dando una oportunidad para que pueda lastimarte. Bastaría con mostrarse más dichoso de lo que está en realidad y subir algunas fotos "comprometedoras". Te tendría a su merced cada vez que entraras a fisgonear, jugaría con tu estado de ánimo y te pondría a saltar a su capricho. ¿Para qué correr ese riesgo? No pongas tu cabeza en la guillotina, nunca se sabe. Siempre es mejor un alejamiento bien pensado, una desconexión emocional e informática, que un apego obsesivo. Trata de mantenerte lejos de su mente y de cualquier intención exhibicionista de su parte.

Usar sus claves personales para entrar a su correo

Aquí entramos en un terreno ético. Espiar el correo de tu ex es sobrepasar el límite de lo correcto. Penetrar en la intimidad de cualquier persona sin ser invitado, lo es. Aunque en muchas ocasiones violamos derechos en nombre del amor (puedes leer mi libro *Los límites del amor*, si quieres profundizar en este tema), no es pertinente entrar al territorio de reserva personal de tu pareja sin permiso. Así como el amor tiene un límite, el desamor también.

Además de lo ético, también existe un argumento pragmático. Repitámoslo: si se alejó de tu vida definitivamente, ¿de qué sirve seguirle los pasos en cada e-mail? ¿Insistes en saber por qué no te quiere? Pues no lo averiguarás metiendo las narices en su correo. Quizá no te ama simplemente porque se cansó o no le da la gana, y no existe ningún motivo extraordinario o especial. Se acabó, y punto. Piensa un momento en estas dos opciones y analízalas. Si tu ex no cambió las claves, es porque te tiene confianza o porque es un ingenuo. Si es por la primera razón, responde con seriedad a alguien que te da confianza, y si es por la segunda cuestión, no te aproveches de su candidez.

Pedirle favores o ayuda en algún área

Es la táctica de la persona que hace el papel de incapaz o inútil. En muchas parejas la relación sigue vigente después de la separación por las debilidades manifiestas de uno de los miembros, generalmente del desplazado. Recuerdo el caso de una pareja joven sin hijos, que luego de romper seguían vinculados en un sinnúmero de actividades. Por ejemplo: ella le hacía las compras del mercado y él la ayudaba a organizar el dinero; ella, por ser médica, lo diagnosticaba y trataba sus dolencias, y él, por ser ingeniero, se hacía cargo de los arreglos de la casa de la exmujer. Llevaban seis meses separados y se les veía bien, hasta que un terapeuta les sugirió que cada quien se hiciera cargo de sí mismo. A partir de ese momento entraron en pánico y empezaron a sentirse mal e "incompletos". Como dije antes, hay formas muy sutiles de "seguir juntos, sin estar juntos", de las cuales los implicados no siempre son conscientes. La fórmula: "Separémonos 'un poco' y sin que afecte demasiado nuestras ventajas recíprocas", no da resultado, así que no lo intentes. Las personas dependientes suelen mostrarse ineficientes, desvalidas o incluso deprimidas al máximo, con tal de que su ex se haga cargo de ellas. La premisa es como sigue: cuanto mayor sea tu autoeficacia e independencia, más rápido elaborarás el duelo.

3

LA DIGNIDAD POR ENCIMA DE TODO

Si quieres ser respetado por los demás, lo mejor es respetarte a ti mismo. Sólo por eso, sólo por el propio respeto que te tengas, inspirarás a los otros a respetarte.

Fiódor Dostoievski

El autorrespeto, a pesar del amor y por encima de él

En la desesperación o el afán por producir un acercamiento o intentar recuperar a la persona amada, mucha gente traspasa los límites del autorrespeto, se doblega y negocia con sus principios. En esos momentos no estamos bajo los dictados de nuestra razón; lo que nos gobierna es la angustia que genera la pérdida, y simplemente nos traicionamos a nosotros mismos. Habrás sentido esto alguna vez ante un amor imposible o no correspondido: no hay recato ni pudor. ¿Te ha ocurrido, aunque sea en la lejana adolescencia? De un momento a otro, la dignidad, que es un valor y un derecho, la tiras por la ventana y a pecho descubierto, y desvergonzadamente suplicas, lloras y hasta te arrodillas pidiendo que no se marche y te vuelva a querer, como si pudieras convencerlo o convencerla. En una consulta, ante la noticia de que su esposo ya no la amaba, una paciente se tiró a los pies del hombre, le besó los zapatos y le rogó que la "volviera a amar". El marido no sabía qué hacer y se quedó inmóvil. De inmediato la levanté del suelo, le pedí que recobrara su compostura y le expliqué que esa conducta afectaría profundamente su autoestima. La única reacción que noté en el marido fue una mirada de desprecio. En un momento dado, me dijo: "¿Se da cuenta, doctor, de por qué es tan difícil quererla? ¡Le falta tanto amor propio!".

Después de esa reunión, ella continuó mendigando afecto por varias semanas sin obtener resultado, hasta que un día cualquiera se cansó de suplicar. Entró en un profundo abatimiento y tristeza, y no tuvo más remedio que empezar a procesar la pérdida de su pareja. Antes de que pasara un año estaba como nueva.

¿Por qué defendía tanto mi paciente una relación tan disfuncional? Alguna vez, en un momento de lucidez, me comentó: "Yo pensaba que no merecía nada mejor". Su autoestima andaba por el piso. Mucha gente no se basta a sí misma y requiere de la aprobación y el visto bueno de los demás para sentirse segura. Pero ¿cómo sentirte digno, si tu valía personal la deciden los demás? La dignidad es una tarea personal, una construcción intransferible. Si me preguntas cuánto vales, mi respuesta es categórica: *no tienes precio*. Los humanos no tenemos un valor de uso, sino un valor intrínseco, *per se*. Vales en tanto eres humano, aunque tu pareja no te quiera en absoluto.

Lucha contra la indignidad

Es posible que si ruegas y suplicas obtengas la atención de tu ex; pero será una atención negativa, con lástima o fastidio, y supongo que no es lo que buscas y necesitas. No es suficiente que la persona que amas esté a tu lado y ande de tu brazo: hay que estar "comprometido" o implicado con el otro, mostrar interés, ganas y empatía, una escucha positiva, no lastimera y obligada. ¿Amarías con alegría a una persona que amenaza con suicidarse si no la amas? Esta presión destruiría hasta el último vestigio de amor sano. He conocido a algunas personas que intentaron llamar la atención del otro amenazando con quitarse la vida, y el resultado siempre fue negativo. Los ex entraban en pánico y sentían una profunda aversión y rechazo.

Recuperar la pareja por miedo a que hagas una locura, *es* una locura. El amor plañidero, quejumbroso y doliente es, además de patológico, insoportable. Insisto: si están contigo por pesar, mejor estar solo o sola. Sentir piedad no es sentir amor.

Si quieres llorar, hazlo (desahogarse es saludable), pero trata de hacerlo a solas o con alguien de confianza que te quiera de verdad. No des la impresión de ser una víctima necesitada de condolencias: duelo y dignidad no son incompatibles. Una paciente, cada vez que le nombraban al ex, estuviera donde estuviera, soltaba el llanto. En el último mes, andaba pañuelo en mano todo el tiempo. La conducta de hacer público su dolor, sin la menor discreción o recato, hacía que la gente la tratara con pesar y aflicción, lo cual mantenía su papel de víctima e incrementaba aún más su sufrimiento. No digo que haya que reprimir el sentimiento negativo, pero hay dolencias que, para ser procesadas adecuadamente, deben mantenerse en el ámbito de lo privado. Si quieres, revuélcate por tu habitación, grita hasta que te estallen los pulmones, insulta a la foto de tu ex en los idiomas que quieras, haz todo esto y mucho más, pero, como ya dije, que pertenezca a la reserva personal.

Cuando digo que la dignidad no se negocia, me refiero a que te cuides, a que te trates bien y con respeto, así el amor te empuje cuesta abajo. Hay cosas que no están en venta, aunque te duela el alma. Eres un ser dotado de racionalidad, libertad y capacidad creativa. Eres un milagro de la naturaleza, puedes reflexionar acerca de tus pensamientos, tener conciencia de quien eres y autogobernarte. No necesitas un "director afectivo" que te mueva los hilos como si fueras un títere. Si ya no te aman, saca a relucir el autorrespeto del que hablo, pisa fuerte, retírate con honores.

"Luchar por lo que uno quiere" es una consigna que podemos respetar, e incluso puede llegar a ser admirable cuando se defienden los derechos humanos o se pelea contra la tiranía y las dictaduras.

Hoy no me Ama
y con eso Basta!

Pero aquí no hablamos de política ni sociología, sino de amores que se han ido o son "imposibles". Luchar hasta machacarse para que una relación salga adelante sólo vale la pena si ambos integrantes de la pareja están implicados en el combate. En el amor se lucha de a dos o se abandona el ring. Es imprescindible que exista cierta camaradería y complicidad afectiva cuando se pretende salvar una relación. Decir: "¡Por favor, salvemos este amor!", si al otro no le interesas en lo más mínimo, es perder el tiempo. Si no ves ni una pizca de esfuerzo o pocas ganas de parte del ser que amas, pues que se vaya. Cambia de lucha: que la "reconquista" se vuelque a ti mismo. Procesar la pérdida adecuadamente conlleva, al menos, dos transformaciones esenciales del "yo" que se sienten intensamente: una mayor libertad interior y una nueva visión del mundo. Ya no te atarás a nadie y tu mirada no será la misma. Los sobrevivientes del amor, los guerreros afectivos, llevan marcas de dolor, pero en sus ojos verás el brillo característico de los que lograron desapegarse, un atisbo de victoria al ser capaces de amar sin temor.

Porque tienes tantas ganas de luchar por él y no por ti misma?

Festejar la Ruptura

Yo sé que estás con luto interior y exterior: tu cuerpo, tu postura y tus gestos lo acreditan. Te duele todo. Pero aun así, deberías probar un cambio de perspectiva, aun cuando el sufrimiento no te deje en paz y la mente parezca haberse congelado. Inténtalo: si ya se fue y no quiere regresar, ¿no sería más coherente festejar la ruptura? ¡Te quitaste de encima a alguien que no te ama! ¡Ya no estarás esperando el renacimiento de una flor marchita! Que te importe un rábano si te amó alguna vez: *hoy no te ama,* y con eso basta.

Una paciente, que se separó después de once años de casada de un hombre que nunca la había amado, ensayó la perspectiva del festejo. En una consulta me dijo: "Viví quince años esperando que me amara, cada día y cada momento fueron una tortura teñida de esperanza. Se fue con otra y ni siquiera se despidió, ni siquiera dio una explicación. Como usted dice en sus libros: no me merece, nunca me

[No tengo que ganarme el Amor de Nadie] (anotación manuscrita)

mereció". Le pregunté qué tan triste se sentía, y me respondió: "Tengo rabia conmigo misma por no haber sido yo quien tomara la decisión cuando debía haberlo hecho. Pero no importa. Hoy siento un gran alivio. Ya no tengo que ganarme el amor de nadie". Y organizó una gran fiesta en su departamento. Corrió muebles, quitó cortinas, pintó, decoró y creó un hábitat como siempre había deseado. En pleno jolgorio, tomó su anillo de matrimonio, lo enterró en un huerto y rezó. Su actitud básica no era de lamento, sino de agradecimiento. Agradecía a Dios, a los amigos, a las amigas, a la familia y a la vida ser emocionalmente libre y sentirse nuevamente una persona digna. El día antes de la fiesta me explicó: "Yo no lo odio, incluso podría decirle que hay momentos en que lo extraño. Así de estúpido es el corazón. En realidad la celebración no es porque dejé de amarlo o porque me olvidé de él, es muy pronto para eso... El motivo es porque salí de la cárcel, porque ya no tengo carcelero".

Si bien es cierto que cada quien procesa la pérdida como puede y quiere (ver el capítulo 12: "Inventa tu propio ritual de despedida"), y no todos tienen la suerte de hacer un festejo, al menos deberíamos ser capaces de no humillarnos y pedir dádivas amorosas. Haz de tus valores una fortaleza, crea un templo con tus principios y no dejes que nadie los pisotee. Salva tu dignidad, aunque el amor te empuje, una y otra vez, hacia el disparate.

La humillación radical

Si has pensado doblegarte por amor podrías caer en lo que denomino *humillación radical*: una forma de relacionarte con la persona que amas eliminando en ti todo vestigio de humanidad rescatable. La humillación radical por amor no sólo conduce al maltrato, como tradicionalmente lo conocemos, sino que se acerca a una forma de esclavitud afectiva. La persona humillada de manera radical se asume a sí misma como indigna, acepta lo peor porque cree que lo merece. La pareja le ha hecho creer que "no es querible"; entonces ya no busca sobresalir, tener metas o desarrollar su humanidad, sino durar en el tiempo como si fuera una cosa o un objeto. La premisa es cruel: "No merezco respeto, ésta es mi condición natural". La súplica de amor se vuelve rutinaria y "normal". La actitud servil se pule con el tiempo y la persona asume que no puede y no debe aspirar a un amor noble y limpio porque en lo más profundo de su ser se considera despreciable.

He visto a muchos pacientes en este estado deshumanizado, la gran mayoría mujeres, cuya causa principal había sido una relación de dominancia/sumisión llevada al extremo. El proceso no sólo ocurre porque se pisotea físicamente al otro, sino también y principalmente por pura indiferencia, una frialdad esencial con don de mando. Quizá la hayas visto funcionar en algunas personas cercanas: uno ordena y dispone a su capricho, y la otra obedece y se inclina. En ocasiones, esta dinámica de destrucción del "yo", auspiciada por un aparente amor, puede ser muy sutil y disimulada porque la víctima colabora con el victimario y todo queda amañado. Anestesiados por dentro y por fuera.

En este tipo de relaciones, con el tiempo, la persona "enamorada" crea un miedo generalizado al mundo porque lo considera amenazante: "Si mi pareja me desprecia, el mundo también lo hará". De ahí el aislamiento del que padece y el apego al que ostenta el poder en la relación como único punto de referencia. Una paciente me decía resignada: "No soy víctima de él, sino del amor que siento... No tengo otra cosa". Amar a un depredador es autodestructivo, y si ese amor es testarudo e irrevocable, peor aún.

Es importante dejar claro que las pequeñas humillaciones se van sumando. Cada degradación va dejando su huella y alimentando un esquema de subyugación que va creciendo como un cáncer. En este contexto algunas personas se "acostumbran" a sufrir. Una mujer presa de este sometimiento lo expresaba así: "Cuanto más aguanto y más me doblego, más demuestro mi amor por él". Es la idea del sufrimiento como sacrificio por amor: doy mi vida por ti, no sólo la física, sino la del espíritu y la voluntad. Ni siquiera esperan ser amadas, se conforman con algún gesto mínimo de cortesía o alguna sonrisa de tanto en tanto. No existe en ellas la idea de que el amor debe ser recíproco.

¿Se puede salir de la humillación radical? No me cabe duda. Una buena ayuda profesional hará que recuperes el control de tu vida, aunque a veces, debo reconocer, algunas personas se salen del molde y por sí solas logran romper el esquema autodestructivo que las aplasta. Un día cualquiera aflora un: "Ya basta", y comienza la transformación. La frase más liberadora que he conocido es: "Ya me cansé de sufrir". Y entonces el vector se invierte. El dominante pierde su potestad porque el sometido rompe sus cadenas. Y ese día, como un milagro, llega la emancipación. *Liberación por agotamiento: cánsate del sufrimiento inútil y no habrá lavado cerebral que pueda contigo.*

Algunas consecuencias negativas de humillarse por amor

Aunque las consecuencias insalubres de la humillación, así sea patrocinada por el amor, son muchas, haré hincapié en las tres más importantes desde el punto de vista psicológico:

1. La primera consecuencia negativa es que la humillación, en cualquiera de sus formas (ruego, súplica, hacer escándalos, aferrarse al otro, autodenigración o deshonra verbal y física),

tiene *un efecto sumamente nocivo sobre la autoestima*. Humillarte para recuperar al ex o a un amor imposible, tarde o temprano, te afectará negativamente. La gente que se rebaja por amor no siempre es ignorante frente a su bajeza: muchas veces la reconoce, la guarda en la memoria y después se la echa en cara ella misma. Cuando menos lo pienses llegará la mortificación, la vergüenza y la pregunta punzante: "¿Por qué me comporté de esa manera?". Un golpe directo a la valía personal. Una mujer que suplicó insistentemente a su ex para que regresara me decía: "Tengo un doble dolor: despechada porque no volvió, y además mancillada como mujer porque perdí el orgullo". En estos casos no basta con trabajar el duelo, también hay que rescatar la autoestima del que ha caído.

2. ¿Qué crees que siente tu pareja o tu ex cuando te comportas de manera poco digna? Si lo que quieres es que se acerquen a ti por lo que eres, no rindas pleitesía ni te arrastres buscando que te "adopten". Es obvio: ¿cómo dar amor si careces de amor propio? A todos nos gusta que nuestra pareja sea segura de sí misma, que no sea débil y ande por la vida muerta de miedo. La gente quiere relaciones equilibradas y bien balanceadas en lo fundamental. Reconozco que a los codependientes les gustan, y les atraen los que necesitan ayuda, los fracasados o los incapaces, pero la mayoría preferimos una relación de igual a igual, donde se privilegie la semejanza. No queremos ser el terapeuta de la persona que amamos. Así que la segunda consecuencia negativa es clara y contundente: cuanto más te humilles, menos te amarán.

3. En muchas parejas, por no decir todas, de manera implícita o explícita, existe una lucha por el poder afectivo. El que necesita menos al otro podría, al menos en teoría, desapegarse más

fácil. Esta lucha por el poder emocional es un aspecto más de la "faceta política" de las relaciones, como lo son la lucha por el poder económico, por el éxito o el poder sexual, entre otras "batallas". La solución más recomendable no es la guerra, sino equilibrar fuerzas y que nadie aplaste a nadie. La humillación rompe este esquema y entrega el poder, lo que genera un vínculo vertical donde, automáticamente, uno se pone por encima del otro. La gente que ama de manera sumisa, al quedar por debajo, incrementa los riesgos de ser explotada en algún sentido. Por lo tanto, la tercera consecuencia negativa de la humillación es que se pierde la posibilidad de establecer una relación democrática, con las ventajas que ésta conlleva.

Para resumir: si te humillas, tendrás problemas con tu autoestima, es menos probable que te amen y fomentarás un vínculo de dominancia/sumisión. Un amor que se construya sobre la base de la subyugación no puede ser un factor de crecimiento, y me quedan serias dudas de que pueda llamarse amor.

4
"SÓLO PIENSO EN TI"

Una idea obsesiva siempre parece una gran idea,
no por ser grande, sino porque llena todo el cerebro.

JACINTO BENAVENTE

Cuando tu ex lo ocupa todo

No hay espacio mental disponible para nada más: "Sólo pienso en ti". Ésa es la consigna de quien ha hecho del otro su motivo de existencia. Si ya eres víctima de la obsesión, sabrás que esa "absorción afectiva" te quita hasta el último aliento. Y no hablo de pensar de tanto en tanto en el otro, sino de sentirse totalmente invadido por imágenes y pensamientos del ex, como si cada neurona tomara el mismo rumbo y se repitiera en la información formando una cadena interminable. Es agotador, pero a diferencia de otras víctimas enfermizas de la obsesión, el que sufre de pérdida afectiva no siempre quiere quitarse los pensamientos de encima. A veces existe cierto placer morboso en recordar a la persona que ya no está, como si de ese modo pudiéramos atraparla y retenerla en algún santuario imaginario.

Repásalo un momento: cuando estás pensando obsesivamente en él o ella, ¿realmente quisieras cortar y pasar a otra cosa? ¿O es que esas cavilaciones te generan cierta añoranza y encanto encubiertos? No digo que siempre sea así; sin embargo, he conocido a pacientes que se apegan a un estilo obsesivo de procesamiento cuando se trata del despecho. Recuerdo a una joven mujer que no hacía más que pensar en el exnovio, de manera insistente y constante. Por desgracia, ningún procedimiento técnico funcionaba en ella porque se resistía a modificar su patrón cognitivo. Había creado un búnker psicológico donde sólo cabía el ex, obviamente transformado y reacomodado a su parecer: lo veía más bello, más alto, mejor pareja y más cariñoso de lo que realmente era. Una vez me dijo: "Tengo un presentimiento: si dejo de pensar en él, nunca más volverá". Generalmente, los pensamientos obsesivos que se desarrollan en un proceso de pérdida afectiva trabajan para un fin: mantener viva la esperanza de recuperar al otro.

¿Qué hacer entonces? Enfrentar la estructura obsesiva que se ha instalado en ti y no resignarte a ella de ninguna manera. Te encontrarás dando vueltas sobre lo mismo, una y otra vez, machacando y tratando de hallar solución a algo que no la tiene. Buscarás "explicaciones inexplicables" y tratarás de resolver cuestiones irresolubles. ¿Ya estás en esta fase? ¿Vives conectado o conectada a la figura de tu ex y a todo lo que ello implique? De ser así, debes luchar. Si quieres sobrevivir, no te quedes rumiando un amor inconcluso que sólo existe en tu traviesa fantasía. Yo sé que al final romperás el círculo vicioso por puro cansancio: vendrá el desamor y finalmente te liberará, lo que no sabes es cuándo. Mientras llega ese momento, busca terapia, una limpieza espiritual o un exorcismo, da igual: trata de hacer cualquier cosa que te conduzca a recuperar tu natural manera de pensar. No te resignes a cargar con el dolor como si se tratara de una lápida, no te recrees en aquellos pensamientos que exaltan al gran amor perdido: que el ex no se convierta en el santo de tu devoción. Resiste con valentía y porfiadamente, sin dar el brazo a torcer: que tu voluntad te guíe y la dignidad marque el paso. Y cuando tengas la actitud entusiasta de los buenos guerreros, dirás: "Ya no pienso en ti; pienso en mí, en mi vida, en mis sueños, en la gente que quiero. Ya no reduzco mi energía vital a tu persona: la trasciendo y me desligo de tu ser".

FRASE MATONA

Tres modalidades obsesivas que te atan a tu ex

"Sólo pienso en ti", exclusiva y exageradamente. Formas obsesivas de atarse al ex a instancias del propio yo, que varían de persona a persona y de víctima a víctima. Las modalidades a las que me refiero son las siguientes: *cascada de imágenes: la invasión del otro*; *correlaciones amorosas: "Todo me recuerda a ti"*, y *el pensamiento nostálgico: "Qué será de ti"*. Revisa cada una y trata de ver con cuál te identificas. Para que no te asustes, advierte que no son incompatibles, así que podrías padecer todas a la vez.

Cascada de imágenes: la invasión del otro

Un paciente se quejaba: "La tengo entre ceja y ceja. Veo su cara, su cuerpo, sus manos, cómo está vestida. Incluso la imagino sonriéndome y estirando los brazos hacia mí cariñosamente". Estaba atrapado totalmente en la figura imaginaria de la exmujer. Salirse de ese esquema autodestructivo le costó mucho tiempo y esfuerzo. Un día me dijo: "Ya está, me la quité del alma". Ésa era su significación: pegada al alma, como una posesión.

Las imágenes pueden engancharse unas con otras y caer sobre ti con la fuerza de un alud. Y no sólo eso: las personas muy imaginativas que sufren de despecho afirman que las evocaciones de la expareja se perciben como reales y no como un producto de la fantasía. En algunos casos estas figuraciones llegan en forma de *flash back* y, como ocurre con muchos traumas, resultan ser muy difíciles de controlar. De pronto, y sin razón aparente, el recuerdo aparece inundándolo todo.

Andar con él o ella a cuestas genera mucho malestar, y no deberías resignarte a soportar esa carga. Como veremos más adelante, hay una serie de técnicas muy efectivas para hacerle frente al aluvión de remembranzas. No alimentes las imágenes de tu ex, no les des cabida, pelea contra ellas tratando de reemplazarlas o simplemente eliminándolas. Cada quien desarrolla su propio método de afrontamiento. Una paciente me explicaba así su estrategia: "Cada vez que su rostro se mete a mi cabeza, me quito la ropa y me doy una ducha fría. La imagen se desvanece en un instante". De más está decir que estuvo muchas horas bajo el agua. Pasado cierto tiempo, muchas de las víctimas se cansan de sufrir y empiezan a oponerse a los pensamientos de quien fuera su ex, pero también es cierto que otras sucumben y quedan atrapadas en una madeja de espejismos y visiones del ser ausente. No entres en el juego de confundir lo real con lo imaginario. Trata de mantenerte con los pies en la tierra y que las imágenes no te dominen.

Correlaciones amorosas: "Todo me recuerda a ti"

Hay personas especializadas en apegarse a los detalles. Los captan de la nada, los identifican a kilómetros de distancia y los incorporan a su mundo interior para establecer correlaciones y explicaciones de todo tipo, aunque resulten totalmente disparatadas. Una mujer recién separada me contaba con total normalidad: "Ayer vi un pájaro gris en el cielo, pasó rápidamente sobre mí y alcancé a ver su forma. Era un pájaro flaco y estirado, y entonces recordé una vez que estábamos en la playa y él juró que nunca me dejaría". Cuando le pregunté cómo había conectado los dos hechos, me respondió: "En la playa había gaviotas". Un señor mayor separado hacía varios años, y aún enamorado de su exmujer, me decía con nostalgia: "Voy por la calle y todo me recuerda a ella: los árboles, los automóviles, la gente. Cada cosa me trae un recuerdo de lo que vivimos juntos". Con ese nivel de condicionamiento, la mera respiración podría llegar a ser motivo de recuerdo. "Todo lo que vivimos juntos" genera demasiada información para quitársela de encima o producir alguna extinción. En la estructura detallista obsesiva, siempre habrá algún pormenor, por insignificante que parezca, que te acerque a tu ex, porque lo que compartiste fue una infinidad de momentos y estímulos de todo tipo.

Lo ideal para tu salud mental es no dejarte seducir por la libre asociación y no entrar en el juego de las correlaciones amorosas, porque no habrá límite ni saciedad de tu parte. Siempre te quedará algo por completar o algún vacío que llenar. Podrías permanecer una eternidad buscando coincidencias y atando cabos "sueltos". ¿Éste es tu estilo? Pues si lo es, estás muy mal encaminada o encaminado. En principio cualquier cosa se puede relacionar con cualquier cosa, y en tu caso son las ganas de mantener presente al otro las que se encargan del rejunte. ¿Te has puesto a pensar que tu ex quizá ni siquiera piensa en ti y menos en esos "pequeños detalles" sentimentales? "Nuestra canción" ya no es "nuestra"; los parajes que transitábamos ya son públicos; y las comidas que degustábamos cambiaron de sabor. El mundo ya no es de dos, ya nada es compartido. Por favor, deja de contabilizar hechos y vincularlos, como si fueras un experto en estadística. En el adiós, la cotidianidad que te unía al otro se disuelve. El lazo sólo queda en tu mente. Que tu memoria sirva para recordar lo que vale la pena, lo que te haga crecer como persona, lo que sea vital para tu supervivencia, y que tu atención no se focalice en la infinidad de estímulos condicionados que te arrastran a un recuerdo desbocado. Memoria y atención relajadas, despreocupadas y funcionando en libertad. No gastes energía inútilmente.

El pensamiento nostálgico: "Qué será de ti"

Reminiscencias a ritmo de bolero, lentamente y hasta el tuétano. Pesadumbre del alma que no deja pensar en otra cosa. En cualquier momento se dispara la añoranza, como la alarma de un carro sin abrir la puerta: "¿Qué será de ti?", y la mente se queda varada tratando de resolver el nudo y la duda, reflexionando en el lugar equivocado: el ayer. Las ganas de saber en qué anda el ex y qué está haciendo se multiplican y tratamos de investigar su vida actual. Así, poco a poco, vamos armando una estructura melancólica y nos encerramos. La nostalgia nos empuja a un mundo de pena y desolación, pero con un toque agridulce. Como dije antes: hay un dejo de disfrute en recordar "lo bueno que fue y ya no es", que nos mantiene enganchados a esos pensamientos como si fuéramos adictos a un apacible sufrimiento.

¿Qué hacer? La actitud combativa ayuda, una vez más. Si la pregunta es: "¿Qué será de ti?", lo ideal sería responder: "No tengo idea, ni me interesa". Pero con seguridad sería mejor cortar de raíz la ensoñación, antes de que se produzca una reacción en cadena y termines revolcándote por tu cuarto y suplicando a Dios que él o ella regrese a tus brazos. Sacúdete de las reminiscencias inútiles, no aceptes la pesadumbre rancia de revisar "lo que fue o lo que podría haber sido, si todo hubiese sido distinto". Muy enredado para una mente que presume de sana. No hay amor que justifique tal sufrimiento. No sé si habrás visto alguna vez personas que entran en este juego nostálgico y se quedan allí por años: andan cabizbajos, se muestran especialmente existencialistas y con un actitud resignada de "así es la vida". Son insoportables, además de contagiosos, porque te empujan sutilmente a sufrir con ellos y a compartir su despechada y desconsolada visión del mundo. Si les dices: "¡La vida es bella!", responden: "¿Te parece?". No dicen: "La vida es un asco", simplemente dejan la pregunta abierta para que también dudes. Porque para ellos nada tiene sentido después de la pérdida. El ex, incrustado en el cerebro, les dice que nunca podrán ser felices porque él ya no está. Viven en un pasado que no dejan ir y en un presente que no soportan. Procesar adecuadamente la pérdida afectiva es muy difícil en estas condiciones.

Si la nostalgia es más fuerte que tú e invade tu existencia, puedes "darle permiso" de que se active, pero sólo a ciertas horas del día. Es una salida provisional que suele ayudar a que la melancolía no siga creciendo exponencialmente. Recuerdo a una paciente que me decía: "Yo sé que no debo pensar en él, pero quiero hacerlo. No puedo evitarlo. Me gusta pensar en él, en los momentos vividos, en los sueños que compartimos, en lo que nos unía... Después quedo destruida, pero es como una droga, la necesito aunque me haga daño". Le aconsejé que creara un "momento de conmemoración" definido y organizado, y sugerí el horario de cuatro a cinco de la tarde. En ese lapso debía conscientemente desenterrar o pensar en el ex hasta reventar. Allí podía inundarse de lo que quisiera para revivir al hombre. Al principio le costó bastante "prescindir de él" durante el día, pero luego se acomodó a la idea de concentrar sus energías a las horas convenidas. De esta manera, poco a poco, logró achicar la recapitulación afectiva hasta llegar a sólo unos minutos diarios. Hoy, ya se liberó del pensamiento nostálgico, y si bien el ex aparece a veces en su memoria como un relámpago, ya no se recrea en él y lo hace a un lado sin mucho esfuerzo.

Cómo atacar los pensamientos obsesivos que te agobian

Veamos algunos recursos para hacerle frente a los pensamientos obsesivos relacionados con tu ex:

Distracción

La distracción depende de los gustos y de la capacidad creativa de cada quien. Puedes distraerte de diferentes maneras: entablando una conversación con alguien, hablando por teléfono, viendo un programa de televisión, haciendo ejercicios extenuantes, leyendo un buen libro o incluso haciendo meditación. Cuando nos concentramos en lo que hacemos, la mente olvida los pensamientos por un rato. Un ejemplo típico ocurre cuando nos dejamos absorber por una buena película y durante una hora y media o dos dejamos de existir para el mundo. No se trata de que "olvides a tu ex de una vez por todas", sino de que rompas la secuencia obsesiva por un momento y te conectes al mundo y a tu persona nuevamente. Eso te generará un poco de tranquilidad, y tu mente no se debilitará pensando siempre en lo mismo.

Tómalo como una tarea: que tu mente se centre en algo distinto al amor que ya no está. En última instancia, lo que se pretende es que regreses al presente y que tu atención se focalice en las cosas que ahora mismo están ocurriendo, en todas sus formas y sentidos. Activa la vista y pósala unos segundos en cada objeto o lugar que te rodea (en plena soledad y sin tu ex a cuestas); cierra los ojos y deja que el olfato perciba libremente los olores (en plena soledad y sin tu ex a cuestas); o concéntrate en los sonidos lejanos y cercanos (en plena soledad y sin tu ex a cuestas). Abraza el aquí y el ahora hasta sus últimas consecuencias. Tu tarea es descentrarte para tocar la realidad y soltarte un poco de la imagen del viejo amor o los recuerdos que te provoca. Él o ella seguirán en tu memoria, pero como en una pelea de box, habrás ganado un round cada vez que logres poner entre paréntesis los pensamientos recurrentes de quien fue tu pareja. Piensa: su alejamiento no sólo te genera sufrimiento y añoranza de la mala, sino que también le roba capacidad a la mente. ¿Se justifica? ¿Qué clase de amor es éste que no te deja vivir y te sustrae hasta el último resto de humanidad? Juega a que no te importa y distráete. Los segundos que logras recuperar al pensar sin obsesión son muy importantes para tu salud física y mental. Que te distraigas con algo y te olvides de tu ex, por unos minutos o unas horas, te demuestra que tu antigua pareja no tiene todo el control y que hay algo en ti que todavía se resiste y no quiere dejarse doblegar.

La técnica del "¡Basta!"

Los pensamientos se relacionan unos con otros y forman complejas cadenas muy resistentes al cambio. La tarea, entonces, consiste en bloquear los primeros eslabones de cadena para evitar su propagación. Siguiendo con la analogía del boxeo, este recurso es como si le pegaras al contrincante un puñetazo en la barbilla, que si bien no lo noquea, produce bastante confusión y malestar en el rival. En tu caso, el golpe estará dirigido a los pensamientos obsesivos sobre tu ex. Para que veas cómo se utiliza la técnica, citaré un caso de mi libro *Pensar bien, sentirse bien*:

Uno de mis pacientes mostraba una secuencia de treinta pensamientos encadenados. Comenzaba por: "No le gusto a las mujeres", y en menos de un minuto terminaba con: "Pasaré mi vejez solo y abandonado". Sus intentos por detener los pensamientos negativos eran infructuosos, porque sólo accedía a ellos al final de la cadena. Veamos cómo logró aplicar la técnica.

TERAPEUTA: Vamos a tratar de bloquear el pensamiento negativo apenas éste comience. Como usted ha podido observar, cada pensamiento se engancha con el siguiente, de tal forma que si los deja funcionar en asociación libre, la mente terminará siendo una madeja de irracionalidad.

PACIENTE: Eso me quedó claro. Fue difícil darme cuenta y captar el pensamiento apenas empezaba, pero ya soy capaz, es como una alarma que se dispara.

TERAPEUTA: Es una buena analogía. Se debe crear un sistema de emergencia que active una señal, algo así como: "Primer pensamiento activado", o segundo o tercero. Lo importante es no ser pasivo o ignorante ante la conformación de la cadena. Veamos ahora qué sigue. Quiero que cierre los ojos y que conscientemente active el pensamiento negativo inicial: "Yo no le gusto a las mujeres". Una vez que lo logre, quédese con el pensamiento y avíseme levantando la mano.

Cuando el paciente levantó la mano, di un fuerte golpe sobre la mesa y grité: "¡Basta!", "¡Basta!", "¡No más!". El señor pegó un salto y abrió los ojos sin comprender lo que pasaba.

PACIENTE: ¿Qué pasó?

TERAPEUTA: Acabo de aplicar la técnica de la *detención del pensamiento*. Trate de pensar otra vez en el pensamiento negativo... Inténtelo...

PACIENTE: No puedo, no sé en qué estaba...

TERAPEUTA: Se disolvió la cadena, se cortó el flujo de información.

PACIENTE: Bueno, sí, es verdad... Pero usted no pretenderá que yo haga esto en público, creerían que estoy loco...

TERAPEUTA: Si nadie lo ve puede hacerlo tal cual: decirse a usted mismo "¡Basta!", "¡Alto!" o utilizar otra palabra que le resulte cómoda relacionada con la detención y golpear sus manos con fuerza. Sin embargo, usted también puede activar un "basta" interno... Intente otra vez volver a su pensamiento negativo y concéntrese de nuevo en la idea de que no tiene éxito con las mujeres; cuando alcance a estabilizar el pensamiento, aplique el método.

A los pocos segundos el paciente gritó: "¡Alto!", "¡Basta!", y golpeó el escritorio con ambas manos. Luego esperó unos segundos, abrió los ojos y dijo con alivio: "Sí, sí funciona... Ya no puedo pensar en ello".

TERAPEUTA: Bien, vamos a repetir el ejercicio tres o cuatro veces con otros pensamientos, pero en cada intento irá disminuyendo el volumen de la palabra "¡Basta!", hasta convertirla en un susurro apenas audible y que finalmente se transforme en puro pensamiento. Cuando llegue a ese punto solamente *pensará* en la palabra "¡Basta!" o "¡Alto!", y ya no dará ningún golpe. Esto se denomina *lenguaje interno*, similar al aprendizaje inicial de la meditación. Recuerde que lo más importante es detener el pensamiento en sus inicios; esto no eliminará el problema de fondo, pero le permitirá sentir alivio y desarrollar un sentido de autocontrol y dominio.

Como pudiste observar, el procedimiento no es difícil de aplicar y una vez que lo aprendas podrás mandar a la lona a más de un pensamiento negativo o molesto, incluidos los de tu ex.

Pantalla de cine en blanco

Siéntate y cierra los ojos. Imagina una pantalla de cine en blanco. Verás que en ella aparecen figuras, formas y personajes que se enredan entre sí. Eso indica que tu mente está trabajando activamente. La meta es que intentes dejar la pantalla de cine completamente en blanco. Puedes concebir que estás en un cine esperando que empiece una película y lo único que tienes al frente es el telón. Cada vez que aparezca algo o alguien sobre el lienzo, vuelves a tu butaca y miras al frente, una y otra vez. Siempre estarás pendiente de ver la "pantalla de cine en blanco". El ejercicio puedes hacerlo las veces que quieras o cuando sientas que el pensamiento te agobia. Lo ideal es acompañar el ejercicio con una respiración suave y relajada, y también con alguna música instrumental que te genere cierta paz interior.

Evitar actividades que te recuerden a tu ex de manera intensa y persistente

• Hablar de él o ella todo el tiempo y con diversas personas.

Con esta conducta lo único que lograrás es que tu ex sea el tema principal en todas partes, y de paso lo mantendrás vivo y actualizado en tu memoria. Es preferible que cuando estés con otras personas hables de otras cosas. Es posible que te pregunten cómo sigues, y entonces no tendrás más remedio que tocar el tema. Lo importante es que no te regocijes en ello, que no busques cómplices que por amabilidad decidan escucharte hasta el hartazgo y te sirvan de excusa para sacar a tu ex a flote. Este "hábito parlanchín" no sólo afecta tu duelo e incrementa las obsesiones, sino que también te convierte en una persona insoportable para la gente. Cuando te vean venir dirán: "Espero que hoy hable de otra cosa". No digo que no tengas confidentes o amigos íntimos a quien contarle las cosas cuando estés mal, a lo que me refiero es la mala costumbre de tener a tu ex en la punta de la lengua a toda hora.

• Ver compulsivamente fotos del "amor perdido".

Obviamente, si te metes de lleno en los recuerdos, por la vía que sea (física o virtual), y dejas que los álbumes de fotos te invadan, alimentarás el pensamiento obsesivo. Yo sé que a veces te provoca hacerlo y te sientas con una buena caja de pañuelos desechables y una copa. Pero ese "paseo fotográfico" es como echarle sal a la herida. La imagen del otro disparará un recuerdo, y éste se enganchará a más recuerdos hasta formar una maraña lastimera que te irá absorbiendo y quitando fuerzas. Al poco tiempo no podrás pensar en nada más, maldecirás la vida y todo cuanto te rodea: entrarás en un agujero negro de la mano de tu amor imposible. No le facilites el trabajo a la depresión, aleja cuanta foto o retrato asocies a tu ex. Ponlos en una caja fuerte y olvida la combinación, hasta que el amor que hoy te perturba no te produzca ni cosquillas.

• Oír música no recomendable en tu estado.

Una actividad especialmente riesgosa para la salud mental es lo que podríamos llamar el "despecho musical". Como un melómano fuera de control, te sentarás a escuchar cuantas canciones te recuerden a tu ex: baladas, trovas, boleros o coplas, da lo mismo, todo vale para sentir su presencia. La música activa nudos emocionales que guardas en tu cerebro y, una vez activados, tal como vimos antes, estos nudos arrastran todo lo que sea compatible con ellos, haciendo que la evocación tenga un efecto de cascada. Una paciente me decía angustiada que no se podía quitar al ex de la cabeza, y lo que hacía todas las noches, como un ritual perverso, era escuchar las canciones que había compartido con su exnovio, metida debajo de una cobija y agarrada a un enorme oso de peluche que olía a él. ¿Cómo diablos iba a quitárselo de encima? Cada compás sugestivo movía millones de neuronas, que de manera ordenada creaban el ritmo de su desesperación. Guarda toda la música que te genere nostalgia por tu ex, *toda*, no dejes nada a mano, métela en un cofre y entiérralo. Sácala de tu disco duro, cambia las emisoras de la radio, vuélvete sordo. Esta revolución "antimusical" delimitada te vendrá bien y te desintoxicará de él.

5

MIRA LAS COSAS COMO SON: QUÍTATE LA VENDA

Para ver claro, basta con cambiar la dirección de la mirada.

ANTOINE DE SAINT-EXUPÉRY

El sesgo afectivo principal: ver amor donde no lo hay

Muchas personas utilizan un estilo de evitación repleto de autoengaños que termina desarrollando un duelo incompleto y ausente: "Esto no es conmigo" o "Aquí no ha pasado nada". Emocionalmente desconectadas y atrincheradas en un bloqueo emocional defensivo, tapan el sol con un dedo y adoptan una posición de falsa calma, cuando ciertamente llevan una tormenta por dentro. El problema de estos dolientes es que, de tanto esconderse y mentirse a sí mismos, van configurando un esquema "evitativo" que a la larga o a la corta no resiste la contundencia de los hechos. El método preferido de estos gambeteadores afectivos es sesgar la información y ver "amor" donde no lo hay. Esto alimenta un falso optimismo y apacigua la tormenta, porque si aún hay rastros de amor en la expareja, la posibilidad de conciliación, al menos en teoría, sigue vigente. Una paciente argumentaba, un poco ingenuamente: "Cuando él recapacite se dará cuenta del error y correrá a mis brazos"; como en un cuento de hadas o en una película romántica tipo Hollywood, la mujer aguardaba un reencuentro en 3D y con fuegos artificiales. Ella esperaba que su exmarido hiciera un clic existencial respecto de lo que sentía por ella y volviera a amarla como antes. Por desgracia, en el camino que va del desamor al amor (un camino muy cuesta arriba), las transformaciones radicales y contundentes brillan por su ausencia. La realidad suele ser otra, aunque no nos guste: *si el amor se va de verdad y desaparece hasta sus últimas consecuencias, volver al estado anterior es prácticamente imposible.*

La sugerencia de "quitarte la venda de los ojos" se refiere a que no construyas fantasías amorosas que sólo existen en tu imaginación. Soñar a veces cuesta mucho, si lo hacemos mal. Lo ideal para tu salud mental es asumir lo que ocurre valientemente y sin escapismos. Es mejor tener una actitud objetiva y cruda aunque te genere sufrimiento, porque será un sufrimiento *útil y constructivo*, como cuando te quitas una enorme espina del dedo. Retirarla dolerá mucho, pero si la dejas ahí se infectará la herida; así que no hay de otra. Muchas veces en el amor ocurre algo similar, y "el dolor con dolor se cura". Si no aceptas este "sufrimiento útil", la elaboración adecuada del duelo podría bloquearse y configurar lo que se conoce como un "duelo ausente", es decir: un duelo interrumpido que en apariencia parece resuelto, cuando en realidad es sólo un mecanismo de defensa. Esta calma aparente será el presagio de una explosión mental y emocional posterior.

Veamos algunas de las formas más comunes de "ver amor donde no lo hay" y falsear o alterar los hechos para sobrellevar, de manera equivocada, la ausencia del ex.

"Sé que me amas, aunque tú no lo sepas" (ilusión confirmatoria)

La obstinación llevada al extremo: "No importa lo que digas o hagas para mostrarme tu desamor, yo sé que me amas pero no te das cuenta". La obnubilación afectiva no tiene límites: afirmar que el otro te ama, aunque su organismo te rechace y su biología se retuerza al verte, es demasiado. Pura *ilusión confirmatoria*, alteración que se asienta en la más burda arrogancia: "Yo defino el mundo emocional de la gente que quiero". También he escuchado la siguiente aseveración de un hombre: "Mi ex nunca dejó de amarme, y porque la conozco más de lo que ella se conoce, sé que me ama". Lo triste de la situación es que la mujer estaba asqueada de él y cada vez que lo veía se lo hacía saber. ¿Cómo reaccionaba mi paciente a esa contundente evidencia de rechazo afectivo? Negando la realidad. En sus palabras: "No le crea, doctor, ella teme reconocer que me ama". ¿Cómo procesar el desamor del otro si nos movemos en semejante nivel de autoengaño?

Otra paciente afirmaba sin tapujos: "Diga lo que diga, me ama". Le respondí que yo había tenido una reunión con el hombre y que él no sólo afirmaba que no la quería (ni siquiera como amiga), sino que pronto contraería nupcias con su nueva pareja. Ella guardó silencio unos instantes y sonrió con suficiencia: "Yo sé lo que le digo. Sólo hay que darle tiempo". Y así quedó la cosa. Dejó de asistir a mi consulta, hasta que volvió dos años después. Al preguntarle cómo iba su vida afectiva, me respondió: "En cualquier momento se separa". ¡Seguía con la misma teoría del "amor ignorante"! Había montado un sistema de autoconfirmación inexpugnable: si los hechos desmentían su conjetura, ella se inventaba una nueva hipótesis (*ad hoc*) para reafirmar su misma creencia: "Él me ama, aunque no lo sepa". Tuvo algunas sesiones más y volvió a desaparecer, y aunque no supe más de ella, puedo intuir que aún sigue esperando que el ex "descubra" y "acepte" que la ama y corra a sus brazos.

"No me odia, por lo tanto me quiere" (inferencia arbitraria)

El error aquí consiste en crear un silogismo cuya consecuencia no sigue lógicamente a la premisa. "No odiar" no implica, necesariamente, querer. Por ejemplo: no odias a tu vecino, pero tampoco lo amas; o bien, puedes no aborrecer a alguien y sentir por él indiferencia o incluso simpatía. Así que la frase: "No me odia, por lo tanto me quiere" es una *inferencia arbitraria* que no tiene más fundamento que las ganas desesperadas por el otro o la otra. Una paciente concluía: "¿Por qué no pensar que algún día él me vuelva a amar, si no me odia?". Mi respuesta fue totalmente pragmática: "Una cosa no conduce necesariamente a la otra. Tu exmarido no te aborrece íntimamente, es verdad, pero eso no significa que te ame. Él podría decirte: 'No te odio, te quiero como amiga'". No la convencieron mis razones, así que fue hasta la casa del ex a rogarle que le diera otra oportunidad. El argumento para intentar persuadirlo fue el mismo: "Después de todo, no me odias". El hombre fue sincero y le dijo que lo único que sentía por ella era una mezcla de culpa y lástima de tanto verla sufrir. ¿Habrá algo más terrible y desconcertante que hallar a la persona amada sintiendo "lástima" por uno, por más sincero que sea el sentimiento? Algunos de mis pacientes, cuando descubren esto, prefieren despertar en la otra persona cualquier tipo de emoción distinta a la piedad; incluso no falta quien afirme que es mejor ser odiado que compadecido por el ser que aman. Si la duda te carcome y realmente quieres saber si alguien te quiere, no preguntes si "no te odia"; más bien pregúntale si "te ama". El amor saludable siempre es afirmativo.

"Yo pienso que tú estás pensando en lo que yo estoy pensando" (lectura de la mente)

Un paciente me dijo una vez, en plena crisis de abandono: "Yo pienso que ella piensa lo que yo estoy pensando, que nos amamos y somos tal para cual". De más está decir que se trataba de una coincidencia inventada por un corazón que no daba tregua ni respiro. La mujer no lo volteaba ni a mirar, pero él, tozudamente, hacía una *lectura de la mente* de la exnovia totalmente infundada. Se proyectaba hasta la mujer amada, "deducía" lo que "ella pensaba que él pensaba" y confirmaba toda la secuencia emocionalmente a favor del amor. Sus análisis estaban muy cerca del delirio. Este triple salto mortal cognitivo se denomina en psicología "metapercepción": "Yo pienso que tú piensas que yo pienso...", y así puedes seguir hasta el infinito. Las víctimas afectivas suelen desarrollar este análisis de pensamientos propios y ajenos, buscando confirmar que el otro va a volver o que el amor aún está en uso. Es sólo cuestión de tiempo. Después de un rato, te pierdes: ¿quién piensa a quién? ¿Dónde empezó esta madeja de cavilaciones anticipatorias? No obstante, para los necesitados de amor, el resultado siempre es satisfactorio: "Todo confirma que aún me ama".

Trata de no utilizar la metapercepción, quédate en el primer "pienso" y evita las conexiones mentales interminables. No eres adivino o adivina, ni puedes leer la mente de tu ex ni saber lo que él o ella está pensando momento a momento. Si crees que posees facultades extrasensoriales para desglosar y gestionar el amor, pide ayuda. Una mujer me confesaba: "Yo siento lo que él piensa, puedo detectarlo a la distancia". Lo único que logra este amor "parapsicológico" es enmarañar las cosas y volverlas incomprensibles. Si quieres saber qué siente y piensa tu pareja, si aún te ama o se cansó de ti, pues pregúntaselo u observa su comportamiento de primera mano. Insisto: no necesitas recurrir a ninguna bola de cristal. Cuando el desamor se hace evidente, no queda más que aceptarlo. Empaca y vete, reinvéntate, concéntrate en tu crecimiento y deja en paz los pensamientos de quien ya no te ama.

Amor *post mortem*: lo bueno, lo malo y lo feo de tu antigua relación

Si aún no has revisado lo que realmente fue tu relación, no te demores, afina la puntería y pon las cosas en su lugar: aplica el autoconocimiento y activa tu memoria autobiográfica. Repasa la cuestión sin excusas ni subterfugios: determina lo que en verdad ocurrió, sin romanticismos de segunda. Toma papel y lápiz y haz dos columnas: (*a*), lo malo de la relación (hechos o acontecimientos que te disgustaron y te afectaron negativamente en algún sentido) y (*b*), lo bueno (hechos o acontecimientos que te agradaron y te afectaron positivamente en algún sentido). Organiza estos datos de tal manera que te permitan abarcar lo esencial del vínculo y cómo se desarrolló. Por ejemplo, supongamos que un hombre escribiera esto de su ex:

Lo malo de la relación	Lo bueno de la relación
Era poco cariñosa	Sexualmente activa
Era un madre muy despreocupada	Generosa con su dinero y sus cosas
Había mala comunicación entre nosotros	Teníamos una vida social activa
Vivía para trabajar	Buen humor
No me sentía amado	Ella tenía muy buena relación con mi familia

De la ponderación de cada factor habrá que sacar un recuento que muestre hacia dónde se inclina la balanza. En la tabla señalada, aparentemente habría un empate técnico, cinco a cinco. Sin embargo, no todas las entradas "pesan igual". Para el hombre del ejemplo, podría ser mucho más importante "no sentirse amado" que los demás positivos juntos. Por eso eres tú quien define, según tus necesidades más básicas y sentidas, qué tan satisfactoria fue tu relación de pareja. Hay pacientes que cuando les pido que hagan las dos listas antes señaladas, en lo "malo" llenan varias hojas y en lo "bueno" apenas unos renglones. Son los primeros sorprendidos.

Insisto: papel y lápiz, y a hacer la lista. Mira a tu ex y la relación que tuvieron, mírala con lupa, dale un valor a cada punto, céntrate en lo que realmente te dolió y en lo que te hizo feliz. Si el balance es negativo, mejor que se haya roto el vínculo; si es positivo, haz de tripas corazón y ponte a luchar por la vida que te queda. Aún puedes empezar de nuevo (no importa la edad que tengas), aún eres capaz de transformarte y reinventar tu yo. No es el fin de tu historia, sino sólo de un capítulo.

El caso del "gran marido"

Como vimos, la distorsión de la realidad es disfuncional y poco adaptativa, no importa cuál sea el carácter del sesgo. Hay que evitar los extremos y cualquier forma de autoengaño, sobre todo si está guiado por un amor cercano a la ceguera. Una paciente llegó a mi consulta porque su esposo había "entrado en crisis" y se había ido de la casa. A los pocos días ella se enteró de que el hombre andaba en amoríos con una jovencita que podía ser su hija, y cayó en una depresión profunda. Su motivo de consulta fue: "Perdí al mejor hombre del mundo, a mi alma gemela. Fue lo más grande que me ocurrió en la vida. Lo perdí y no sé qué hacer… ¡Estoy desesperada!". Durante algunas sesiones tuve la impresión de que mi paciente había sido abandonada por un hombre excepcional. Todo hacía pensar que su expareja había sido el "gran marido", hasta que le pedí que hiciera una lista de lo bueno y lo malo de la relación. Le expliqué que se tomara su tiempo, porque era importante ser sincera y que escribiera todo lo que sentía, sin autocensura de ningún tipo. La tabla que me presentó a la semana siguiente fue como sigue:

LO MALO DE LA RELACIÓN	LO BUENO DE LA RELACIÓN
Nunca quiso a mi madre	Era buen papá a veces
Coqueteaba con mis amigas	No me agredía ni me insultaba
Yo era quien sostenía a la familia económicamente	y nunca me pegó
	En mis cumpleaños siempre me hizo un regalo
Siempre estaba de mal humor	
Era muy inseguro	Sus compañeros lo consideraban un buen amigo
No me decía que me quería	
Hacía dos años que no teníamos relaciones sexuales	
No me abrazaba ni me expresaba afecto	
A veces no venía a dormir y no me avisaba	
Cuando estábamos en reuniones sociales, si yo quería decir algo, me interrumpía	
Yo sufría mucho porque pensaba que me iba a dejar	
Mi padre le hizo un préstamo y nunca le pagó	
Le quedó debiendo mucha plata a mi papá porque iba a poner un negocio y nunca se la pagó	

Escribir a veces resulta más enriquecedor y fructífero que hablar, porque el pensamiento queda grabado y es posible volver sobre él. Cuando entregó la tarea, me dijo: "Fue un ejercicio muy difícil, me puse muy ansiosa... Hice varias listas y las iba rompiendo. En las primeras todo aparecía como si hubiera sido maravilloso, pero me di cuenta de que no estaba siendo sincera. En fin, hice el intento, pero no estoy muy segura... Estoy confundida". Cuando decidimos ser honestos con nosotros mismos, ese "despertar" asusta y casi siempre produce desasosiego. El balance que puede verse arriba de la lista que confeccionó la había dejado sorprendida. Su "gran marido" no parecía ser tal. En otra consulta, le sugerí llenar un cuestionario: "Quiero hacerte seis preguntas a manera de test y que me contestes 'sí' o 'no' a cada interrogante, independientemente del amor que sientas por tu ex. Llena el cuestionario y confróntalo con tu relación actual".

¿Es vital para ti que tu pareja sea afectuosa?	SÍ	NO
¿Es vital para ti que tu pareja sea familiar?	SÍ	NO
¿Es vital para ti que tu pareja sea exitosa?	SÍ	NO
¿Es vital para ti que tu pareja sea sexualmente activa?	SÍ	NO
¿Es vital para ti que tu pareja sea afectivamente estable?	SÍ	NO
¿Es vital para ti que tu pareja sea fiel?	SÍ	NO

El resultado la dejó boquiabierta, ya que todas sus respuestas fueron afirmativas, lo cual era muy elocuente, ya que su marido no cumplía ninguno de los requisitos considerados por ella como vitales.

Resumo el diálogo que tuvimos a continuación:

TERAPEUTA: ¿Te das cuenta de que tu ex no reúne ninguna de estas condiciones, que para ti son importantes?

PACIENTE: Sí me doy cuenta, pero lo amo de todas maneras.

TERAPEUTA: Entiendo. Aun así, supongo que ese afecto no altera tus prioridades. Amarlo no justifica que debas sufrir. ¿Sigues pensando que preferirías amar a una persona con esas características?

PACIENTE: (*Silencio.*)

TERAPEUTA: Continúa, por favor...

PACIENTE: ¡Lo amo!

TERAPEUTA: Eso queda claro. No obstante, los vacíos que sentías son tan reales como el amor que le profesas. No es incompatible: puedes amar a alguien y al mismo tiempo sentir que te faltan cosas en la relación. Nadie pone en duda tu amor, lo que se pretende con el ejercicio de la lista es darle un toque de razón a tanto afecto. Que aterrices tus sentimientos.

PACIENTE: Lo intentaré...

TERAPEUTA: Me llama la atención lo que escribiste en el apartado de "cosas buenas". Obviamente, si no te maltrató ni te faltó el respeto está bien; sin embargo, lo que se esperaría son conductas más proactivas. Me explico: si colocaras como positiva "Nunca mató a nadie", diríamos que es lo esperable. No haber matado a nadie no lo hace especial y digno de admiración, es lo mínimo que podríamos exigir. Que tu marido no te haya golpeado no es una virtud: es su deber.

PACIENTE: ¿Quiere decirme que no estuve bien casada?

TERAPEUTA: No lo afirmo ni lo niego. Lo que pretendo es que veas tu matrimonio de manera realista y llegues a tus propias conclusiones, sin sesgos ni distorsiones. Queremos saber, *realmente*, cómo fue tu relación de pareja y qué tipo de persona era tu exmarido. El amor a veces nos nubla la vista y la mente.

PACIENTE: No sé, sigo confundida. Él decía que me amaba...

TERAPEUTA: Es posible que sea cierto, pero lo que te debe interesar no es tanto si te amaba o no, sino *cómo te amaba*, si llenaba tus expectativas, si te sentías feliz y si el balance era bueno para tu vida.

PACIENTE: Que lo quieran a uno no es fácil...

TERAPEUTA: ¿No te consideras querible?

PACIENTE: No sé, creo que no...

TERAPEUTA: El amor que él te daba, con todas sus carencias y defectos, ¿te bastaba?

PACIENTE: Sí, o no... En realidad no, ¡pero me amaba!

TERAPEUTA: Piensa en esta pregunta con calma: ¿no crees que merecías una mejor relación?

PACIENTE: Nunca me ha ido bien en el amor, entrego demasiado...

TERAPEUTA: Insisto: lo importante no es que te amen, sino que te *amen bien*, que tu compañero le venga bien a tu vida, que no te lastime ni te engañe.

PACIENTE: Quizá tenga razón...

TERAPEUTA: Quiero que en algunas sesiones nos concentremos en la duda que tienes sobre si eres querible o no, ¿te parece?

PACIENTE: Sí, me parece bien.

Y así, poco a poco, el "gran marido" que su mente había fabricado fue cediendo paso a un hombre más real, con virtudes, pero también con defectos difíciles de negociar. No tuvo que "odiar" al ex para superar la pérdida, simplemente bastó con equilibrar la báscula y tener un conocimiento más fundamentado y razonable de su relación para retomar otra vez su vida. *Una separación es una situación en crisis, y crisis significa también oportunidad.*

6

¡ALÉJATE DE LAS AMISTADES TÓXICAS!

Al final, no nos acordaremos tanto de las palabras de nuestros enemigos, sino de los silencios de nuestros amigos.
MARTIN LUTHER KING

Prototipos de amistades tóxicas que pueden interferir con tu duelo

Todos tenemos "amigos tóxicos". Personas que andan rondando nuestra vida, que nos hacen más mal que bien y que por alguna razón inexplicable mantenemos y frecuentamos como si fueran un dechado de virtudes. En situaciones de crisis o situaciones límite debemos limpiar el ambiente que nos rodea de estímulos negativos y rodearnos de afecto y tranquilidad: la curación parte de este simple y eficaz principio. En la pérdida afectiva estamos débiles, en proceso de recuperación, y lo que menos necesitamos es que alguien le eche sal a nuestras heridas y nos perturbe íntimamente. Amigos tóxicos los hay de todo tipo y características. Los cargamos por la vida, nos acostumbramos a ellos o simplemente los justificamos diciendo: "A la gente hay que aceptarla como es, todos tenemos defectos". Sin embargo, el problema se presenta cuando esos "defectos" son sumamente contaminantes para nuestra salud mental y nuestros intereses vitales. La premisa es clara: no tienes que aguantar a quien te lastima, sea quien sea.

Pondré algunos ejemplos de actitudes tóxicas "amistosas", que cuando aparecen sería mejor alejarse para que no afecten tu duelo. Analízalas con cuidado.

YA TE DIJE ADIÓS, AHORA CÓMO TE OLVIDO

Los que te hablan de tu ex una y otra vez

En este caso no eres tú quien pone el tema, sino ellos. Estas personas están especializadas en recordarte quién fue tu pareja hasta el último detalle. Quieres salir a tomar aire, a despejar la mente y sacudirte de los malos recuerdos, y resulta que tu compañero o compañera de turno, en vez de facilitarte la paz que buscas, empieza con un rosario interminable de recuerdos y chismes de todo tipo. El resultado es pura desesperación de tu parte, y cuando le pides cambiar de tema no te hace caso. ¿Qué hacer? Sencillo: no resignarte a quedarte pasivamente a escuchar lo que no quieres oír. O se cambia de tema o te vas. Y si la cuestión es difícil de manejar o te incomoda demasiado, declárate en resistencia activa. No vuelvas a salir con él o ella.

Los que toman partido por tu ex

Estos "amigos" o "amigas" son los peores, porque no hacen más que exaltar a quien fue tu pareja. La ven maravillosa, inteligente, extraordinaria y confirman de este modo que tuviste la peor de las pérdidas. En ocasiones, agregan a la conversación una perla: "No lo tomes a mal, pero no era para ti". Es decir: te quedaba grande o no merecías a alguien tan especial. Una paciente me decía: "Cada vez que salgo con mi mejor amiga me deprimo. Siempre me recuerda que perdí a una joya de hombre". Le sugerí que revisara su idea de "mejor amiga". ¿Para qué escuchar a alguien que te hunde? Escápate lo más lejos posible de estos "defensores de oficio", o diles de frente y sin fingimientos que ya te hartaste. Si tu amigo te estima de verdad, pedirá disculpas y cambiará inmediatamente su comportamiento negativo; pero si persiste e insiste en escarbar la herida, retírate.

Los que te critican todo el tiempo

Las amistades que asumen el papel de "jueces" son inaguantables. Censores expertos en señalar lo negativo, así les muestres infinidad de cosas positivas. Sus comentarios tendenciosos abarcan cualquier área: "No debiste hacer esto", "Cometiste una estupidez" o "Te dejó por culpa tuya". No digo que debas estrangular a quien te dice algo así, aunque ganas no te deben faltar, pero sí es conveniente que trates de contener la avalancha de diatribas y censuras, porque de otra manera terminarás por creerte el cuento. ¿Qué necesidad tienes de sentarte en el banquillo de los acusados para justificar tu manera de actuar y pensar? Los buenos amigos te apoyan, incluso te dicen mentiras piadosas y no son totalmente objetivos cuando estás mal. Quizá cuando te vean más fuerte puedan hacer una crítica constructiva, pero no meten el dedo en la llaga inútilmente.

Los que te recuerdan lo dura que es la soledad

Es típico de aquellas personas que están solas y proyectan en los otros el dolor que sienten ante esa soledad: "Lo que se viene es muy duro. No sé cómo vas a hacer para soportar la soledad. Es horrible, vas a ver". Provoca ponerles un tapón en la boca y callarlas. Y luego suelen decir: "Es una cuestión de oportunidades, no hay gente disponible para emparejarse, y lo que hay no vale la pena. Los buenos partidos ya están ocupados". Pájaros de mal agüero. La soledad es una decisión personal: si no quieres estar solo o sola, basta con salir abierta y descaradamente al mundo y soltar tu aroma. Con seguridad alguien lo inhalará, alguien quedará enlazado en tu perfume, tu sonrisa o tu manera de ser. No te dejes convencer por los profetas de la amargura.

Los que insisten en que la separación es terrible

Una vez escuché a una mujer decirle a otra: "La separación es lo peor que te puede haber pasado. Pero ánimo, te recuperarás de esta desgracia". Y la otra le contestó: "¿Cuál desgracia? ¡Me gané la lotería!". Estábamos en un bar, yo en la mesa de al lado. Tuve el impulso de levantarme e ir a abrazar a la que se había "ganado la lotería". La amiga tóxica cambió rápidamente a un tema menos truculento. No te dejes llevar por quienes creen que el matrimonio es una virtud, y los separados, unos menesterosos expulsados del paraíso afectivo. Si la mitad de la gente en el mundo se separa, por algo será, y si un gran porcentaje de estos separados no quiere casarse otra vez, tendrá sus razones válidas. Como dice un refrán, que no es budista, pero que resalta el camino del medio: "Ni tanto que queme al santo, ni tan poco que no lo alumbre". Hay matrimonios que valen la pena y otros que son un fiasco. Y si el tuyo era un fiasco y ahora estás libre, ¿de qué te quejas?

Los que no te entienden, aunque se lo expliques mil veces

Estos amigos y amigas parecerían mostrar un déficit en el procesamiento de la información. Les explicas las cosas una y otra vez, las desmenuzas y ejemplificas y, aun así, son incapaces de comprender tus motivaciones e intenciones más profundas. Es como si no te escucharan, como si sus mentes estuvieran ancladas en algunos conceptos y premisas previas y fueran incapaces de salirse de ellas e ir hasta ti. No gastes tiempo en explicar lo evidente. Por ejemplo, si tu ex te maltrataba física o psicológicamente, si no te quería, si te engañaba o explotaba, y tu amigo o amiga no comprende por qué te fuiste, búscate otra persona con quien hablar. Sólo hay dos posibilidades y una misma respuesta: o el interlocutor no es capaz de ponerse en tu lugar (por lo tanto: ¿para qué hablar con él?), o le interesa un pepino lo que dices (entonces, ¿para qué hablar con él?).

Los que son indiferentes a tu dolor

Es un corolario del punto anterior. Uno espera del amigo o la amiga, además de comprensión, afecto. La palmadita en la espalda y la sonrisa amable. Uno espera el abrazo sentido, el silencio cómplice, el ofrecimiento de que podrás contar con él o ella, en fin: apoyo y sustento del bueno. La indiferencia no es negociable en ningún tipo de relación afectiva. Lo que nunca tienes que hacer con este tipo de personas insensibles es suplicar ayuda. Mejor un toque de dignidad: no te merece quien no te quiere bien, y a otra cosa.

Puede haber más subtipos, sin duda, pero lo importante es que estos ejemplos te sirvan de referencia para estar alerta y no entregarte a quien te lastime. Con seguridad podrás ampliar la categoría de "amigos tóxicos" y "amigas tóxicas" que sugerí según tu experiencia. Repito una vez más: no tienes ninguna obligación de estar con alguien que te daña. Si aprecias demasiado esa relación, podrías explicarle por qué te sientes mal con su manera de actuar, *una vez*, y si no observas un cambio significativo, aléjate. La amistad es una suerte, un regalo que te hace la vida, no un mal karma que debes sobrellevar como si fuera un castigo. Haz tu "revolución amistosa", quédate con los buenos de corazón y los que te quieren de verdad. ¡Toxicidad, fuera!

7
ATACA RACIONALMENTE LAS GANAS DE VOLVER

Hay siempre algo de locura en el amor;
pero siempre hay algo de razón en la locura.
FRIEDRICH NIETZSCHE

Cuatro preguntas clave

La reflexión es una forma de oponerse al impulso de regresar con tu ex, cuando no debes hacerlo. Que el deseo no sea lo único que dirija tu conducta. Hazte las siguientes preguntas y trata de responderlas de manera lógica y realista, aunque duela:

¿Qué te hace pensar que tu ex ha cambiado?

El cementerio está lleno de personas con buenas intenciones. Mi experiencia como psicólogo me ha demostrado que, en el amor, la "buena voluntad" es necesaria, pero no suficiente, a la hora de reencauzar una relación; como ya insinué, el cambio debe ser *científicamente sustentado*. Dos interrogantes más para que medites al respecto: (*a*) ¿qué ha hecho específicamente tu ex para que hayas notado un cambio?, y (*b*) ¿pidió ayuda profesional, recibió un mensaje del más allá o encontró una nueva religión? No puedes cifrar tu felicidad de pareja en soluciones mágicas, facilistas o soñadoras, se necesita algo más concreto y aterrizado.

El exmarido de una paciente, estando en mi consulta, se arrodilló frente a ella y, mirándola a los ojos fijamente, le dijo: "Dios me habló, al fin comprendí que tú eres mi complemento espiritual". La señora había quedado impactada, y en una sesión posterior me comentó: "Sus palabras me llegaron. Si siente que Dios le dice que debería estar conmigo, debería creerle". Le expresé mis dudas: "Estoy de acuerdo con usted en que ser un 'complemento espiritual' de la persona que uno ama es emocionante, además de halagüeño, pero quizá sería mejor buscar un referente menos 'trascendente' para tomar la decisión de volver. Aceptemos incluso que escuchar la voz de Dios puede ser una experiencia mística trasformadora, pero también podría tratarse de una esquizofrenia con alucinaciones auditivas u otra patología. En principio es bueno que él quiera cambiar; sin embargo, le recomiendo que profundicemos un poco más sobre las intenciones de su ex y sus reales capacidades, para saber si vale la pena que usted se arriesgue". No me hizo caso y se metió de cabeza a reconstruir una relación después de tres años de estar separados, sin más herramientas que las ganas y lo que quedaba de amor. Por desgracia, al poco tiempo y sin razón aparente, se silenció la voz interior del ex. El hombre volvió a sus conductas inadecuadas y unas semanas después se fue de la casa nuevamente.

¿Qué tanto has cambiado tú desde la separación?

Revísate mentalmente y analiza qué hay de nuevo en ti que permita que la relación dé un vuelco y funcione. ¿Qué hay ahora de nuevo en tu persona que antes no existía? ¿La paz ha llegado a tu vida, has cambiado tu visión del mundo, te has dado cuenta de tus errores, la ansiedad ha bajado, has madurado? En fin, piénsalo y haz tus pronósticos. Pero hay una pregunta esencial que, si la respondes a cabalidad, aclarará bastante el panorama de tu obsesión por el regreso: ¿por qué quieres darle una nueva oportunidad a la pareja? Las respuestas a este interrogante pueden ser muchas, pero si las ganas de regresar con tu ex se deben a cualquiera de las razones que expondré a continuación, frena, no vaya a ser que te estrelles. Veamos.

- Si el nuevo intento es *por los hijos*, ten presente que siempre es mejor para ellos una buena separación que una reconciliación obligada y superficial. Dos separaciones de la misma persona suponen una carga que se multiplica a sí misma y perjudica de manera considerable a los hijos.
- Si pretendes retornar con tu ex por el *qué dirán*, tienes un problema grave y deberías trabajar ese punto: la necesidad de aprobación es tremendamente destructiva. Además, a nadie le importará un bledo lo que te ocurra luego.
- Si quieres regresar por *miedo a la soledad*, te recomiendo que enfrentes el temor y, de ser necesario, pidas ayuda. Si no eres capaz de estar a solas por un tiempo, quizá te falte vida interior o la inmadurez emocional se haya apoderado de ti. No obstante, hay una premisa que no puedes ignorar: *la soledad estando en pareja es más dura de sobrellevar que la soledad sin compañía*.
- Si lo que te motiva es que *no puedes conseguir pareja*, te estás manejando con el peor criterio posible: resignarte a tu ex. El "más vale malo conocido que bueno por conocer" es para mentes que han entrado en la desesperanza. Quizá necesites una dosis de optimismo y desarrollar tus habilidades sociales con el sexo opuesto. No es que te vendas al mejor postor, sino que expongas tus encantos sin tapujos a ver quién se deja seducir.
- Si lo que te empuja a volver con tu ex son las *presiones religiosas*, busca ayuda espiritual, habla con tu consejero en turno, explícale y busca su comprensión. Aunque debes tener

presente que no se trata de regresar por regresar "porque así está escrito" en alguna parte, sino de considerar seriamente lo que le viene bien a tu vida, lo que sientes y lo que en verdad deseas.

¿Todavía amas realmente a tu ex?

Hay que tener muy claro qué sientes en verdad, cuánto quedó de aquel amor, y si los restos alcanzan para intentar una nueva aproximación. ¿Qué sientes respecto a tu ex? ¿Nostalgia por lo que podría haber sido y no fue? ¿Ternura en estado puro? ¿Amistad erótica? ¿Sólo amistad? ¿Lástima? Para que una relación funcione se necesitan tres pilares: deseo (no locura, sino una dosis considerada de ganas o pasión), amistad/comunicación (compañía, humor, proyectos comunes) y ternura/compasión (que su dolor te duela, querer cuidarlo o cuidarla). ¿Acaso ambos disponen de estos factores?

Hay veces en que un amor permanece detenido en el tiempo, como encapsulado, y con un pequeño impulso se expande y florece nuevamente. Sin embargo, para que esto ocurra la historia de la relación no debe haber dejado heridas en lo que se refiere al respeto y la dignidad de ninguno de sus integrantes. Ten clara la siguiente consiga antes de actuar impulsivamente: *el sentimiento amoroso no es suficiente para intentar un regreso triunfal.* No basta con que se amen: hay que saber administrar la convivencia.

¿Tienes la paciencia necesaria para recomenzar?

El don de la paciencia no es tan fácil de cultivar. Esperar con tolerancia y entereza el tiempo suficiente para que la relación prospere y dé frutos, cuando hubo heridas, requiere de un espíritu especial, casi estoico. Aun así, la "perseverancia amorosa" tiene sus límites. *Paciencia* no significa resignación ni mansedumbre obsecuente. Por ejemplo, no tiene mucho sentido "esperar" a que tu pareja "tome consciencia" de que no debe golpearte o hacer antesala para ver si decidió amarte. Hay esperas que son indignas o estúpidas. Intentar recobrar una relación desbaratada siempre genera confusión y miedo a repetir el fracaso; por eso una actitud realista que elimine las ilusiones falsas es tan importante. ¿En qué consiste la paciencia? En un coctel compuesto de tolerancia, entereza y relax. La paciencia es una virtud, siempre y cuando no te pasen por encima ni violen tus derechos.

8

RELACIONES INSALUBRES POSTPÉRDIDA

El amor es como las mariposas: si las persigues desesperadamente se alejan, pero si te quedas quieto se posan sobre ti.

RABINDRANATH TAGORE

La vulnerabilidad tras la pérdida

Cuando rompemos una relación significativa, nuestro organismo baja sus defensas. Se debilita y se hace más sensible a cualquier nuevo agente estresante o tóxico. Somos física y psicológicamente más vulnerables luego de que el amor o el desamor nos aporrean. No somos los mismos por un tiempo, andamos con la guardia baja y nos aferramos a cualquier tabla de salvación. Después del golpe de un adiós no deseado, la fragilidad aumenta, tenemos urgencia de sustituir lo perdido y calmar el dolor de la ausencia. Y es allí donde nuestra atención e interés, no siempre de manera consciente, se dirigen a buscar un sustituto o sustituta que llene el vacío: una especie de "amor paliativo" que nos embote el sufrimiento y genere algo de sosiego. Estos vínculos analgésicos compensan transitoriamente la molestia, la soledad, la ansiedad o la tristeza, pero no resuelven la cuestión de base: *elaborar definitivamente la pérdida y quedar libres y sanados para empezar una vida nueva.*

Piénsalo: ¿tienes a alguien en mente? ¿Algún suplente que pueda ejercer el papel de sedación emocional? Pues si lo tienes, debes repasar seriamente tu intención, porque de acuerdo con toda la información disponible: *un clavo no saca otro, sino que a veces los dos quedan dentro.* Cuando la desesperación se dispara no pensamos bien las cosas (la urgencia empuja) y le echamos ojo a la gente que está más cerca: a los vecinos, a las amistades, incluso a los viejos amores que, aunque no estén vigentes, los sacamos del cofre de los recuerdos y los incluimos a la fuerza en nuestra existencia emocional. No falta quien corra detrás del primer amor en un intento por resucitarlo. La impaciencia por subsanar o suplantar la pérdida lleva en ocasiones a generar verdaderos desastres psicológicos. Recuerdo a una paciente que, impulsada por la angustia de la separación después de un noviazgo de siete años, enfiló sus baterías hacia el hermano del ex, un joven menor que ella, al que pudo conquistar fácilmente con sus encantos. El resultado fue peor que el de una telenovela truculenta de alto rating, ya que terminó enredada con ambos sujetos. Terminó amando a los dos y viendo al ex a escondidas. Después de un tiempo, tortuoso y sumamente enfermizo, los hombres afectados hicieron las paces (la sangre llama) y tomaron una decisión "en bien de la familia": dejarla de una vez por todas. Mi paciente sufrió entonces un doble duelo y una depresión severa que requirió ayuda psiquiátrica y hospitalización debido a sus ideas suicidas. Un año después aún está recuperándose. La moraleja de este caso es como sigue: sólo cuando estés libre de tu pasado amoroso podrás empezar un presente afectivo sostenido y saludable.

Si te enredas con las amistades de tu ex, el remedio será peor que la enfermedad

Enredarse con algún amigo o amiga de tu ex esconde muchas veces una intención retorcida: el "ojo por ojo". Un paciente le decía a su exesposa, después de que él comenzó a salir con su mejor amiga: "Te duele, ¿verdad? ¿Creíste que eras la única que podía buscarse otro? ¡No sabes cómo estoy disfrutando esta nueva relación!". Venganza a

RELACIONES INSALUBRES POSTPÉRDIDA

la enésima: "Tu dolor me consuela" o "Te lo tienes merecido por haberme dejado". Si quieres asumir el papel de vengador o vengadora, guarda esto en tu mente y no lo olvides: "La mejor venganza es ser feliz". Esto implica desprenderse emocionalmente del otro. Autonomía y desapego esencial. La mejor opción es que hagas a un lado a tu ex y todo lo que se relacione con él o ella. Que te ocupes de tu persona e intentes ser feliz, independientemente de tu relación pasada. Mi paciente, en cambio, se había vinculado con una mujer que ni siquiera le gustaba, para hacerle daño a la que había sido su mujer, aunque en realidad se hacía daño a sí mismo por alimentar un odio fuera de control.

Otra paciente me comentaba presa de la angustia: "Me acosté con el mejor amigo de mi ex, él se enteró y me mandó decir que ya no quiere saber nada de mí. Yo me sentía sola, abandonada y no sé, caí... Y ahora ya lo perdí para siempre. No sé qué hacer". No había mucho que hacer, más que aprender a perder y resignarse a una pérdida irrecuperable. Retirarse en silencio y aceptar que ya no la querían y que, después del "desliz", todo se había ido definitivamente a pique. Duelo sin anestesia, puro y duro. Si necesitas a un ser humano que te consuele, al menos busca a alguien que no conozca a tu ex... ojalá de otro planeta.

Los antiguos amores sólo crean más confusión durante el duelo

Como sugerí antes, la mayoría de los "amores añejos" funcionan como muertos vivientes en la época de duelo. Aquí no se reencauza nada: se exhuma. Es el caso del primer amor, que casi siempre tenemos en un santuario o en un baño de formol, para que siga intacto y podamos usarlo como llanta de repuesto. Mientras no lo vemos, todo sigue como detenido en el tiempo y en suspensión animada, pero cuando después de un periodo prolongado nos encontramos frente a frente con él o con ella, hacemos un descubrimiento terrible: ¡nuestro amor eterno ha envejecido! En cierta ocasión tuve una "reunión amorosa" de este tipo con mi primera novia, que no fue para nada exitosa. Ella no dejaba de mirarme la panza y yo sus dientes. Cuando nos encontramos dijimos a coro: "¡Cómo pasan los años!". Recuperar de las cenizas aquellos antiguos amores suele producir una profunda decepción, no sólo por el aspecto físico sino también por lo psicológico. Poco a poco vamos descubriendo, en la personalidad de quien fue nuestro gran amor, cambios que a la larga pesan: los intereses y las metas no son los mismos, el humor no es igual (los chistes no funcionan como antes) y las mentes no están sincronizadas. La prueba está en que ochenta por ciento o más de las conversaciones será sobre los "viejos recuerdos". Es como si sólo existiera un pasado concreto al que aferrarse y un presente desdibujado, imposible de definir. A la larga, lo que queda es una desagradable sensación de fracaso y el choque con una realidad que no habíamos previsto. Se nos hace evidente que hubiese sido mejor mirar más hacia delante que hacia atrás.

Una paciente había regresado con su primer amor desde hacía dos meses. Después de veinte años, un día se encontraron, y al ver que ambos estaban solos, decidieron lanzarse a la aventura de recuperar tiempos pretéritos. Por desgracia o por fortuna, el intento no prosperó, ya que el hombre, que en su juventud había sido de izquierda y ateo, ahora pertenecía a una secta profundamente religiosa y le coqueteaba a las posiciones de derecha. Por su parte, mi paciente era una mujer progresista y agnóstica, así que al poco tiempo estaban enredados en discusiones profundas y acaloradas sobre el aborto, los derechos de las minorías, la eutanasia y la existencia de Dios. Fue imposible construir algo sobre semejantes desacuerdos. El bello e idílico pasado quedó aplastado por un presente sumamente contradictorio e incompatible. Las ganas de volver a enamorarse no fueron suficientes, pesaron más las creencias y sus filosofías de vida.

9

AUTOCONTROL, SUDOR Y LÁGRIMAS: APRENDE A RESISTIR

La primera gran batalla es la conquista de uno mismo.

Anónimo

La convicción de la ruptura: lucha contra el impulso de estar con tu ex

Esta estrategia de afrontamiento se refiere a la disposición básica de decir "no" cuando las ganas del otro te arrastran. Implica crear, mediante el autoconvencimiento y la reflexión, una motivación a no dejarse vencer por el deseo que, sabemos, es contraproducente. No lo acaba, pero lo debilita. Ésta es la premisa: *si ya terminaste definitivamente con tu ex, debes actuar y sentir que él o ella ya no existen para ti*. Grábatelo: *ya no está para ti*; si tienes que llorar, llora, pero ya no hagas castillos en el aire. Si aceptas que el vínculo terminó, de nada te sirve ceder a un deseo irracional de reencuentro o resucitación de la relación. Crea la convicción profunda de que no te dejarás vencer, como una testarudez inteligente que llega de la esencia misma de tu ser y te hace exclamar de manera categórica: ¡basta! No digo que no te duela, sino que pelees contra el impulso de estar con él o con ella. Que puedas decir con firmeza: "Tengo la fortaleza de resistir, no iré detrás de mi ex como lo haría un drogadicto detrás de su dosis". Repítelo hasta que entre en tu base de datos: "No dejaré que las ganas de verla me arrastren". Es como cuando una persona obesa decide con todo su corazón y con cada célula de su cuerpo que va a adelgazar: su mente construye un paradigma irrevocable de adelgazamiento, tan vital como vivir o morir. Lo que se instala en su ser es un esquema de resistencia, como decían los griegos: una "ciudadela interior" gobernada por ti. Hay decisiones que se toman con el alma y que se transforman en un fortín, en un reducto infranqueable. La frase clave que las resume: "No me voy a doblegar, pase lo que pase". Desamor y dignidad hasta las últimas consecuencias.

Confía en tus capacidades

Cuando nadie te vea, grita a los cuatro vientos y hasta reventar: "¡Soy capaz!". ¿Capaz de qué? De reinventar tu vida, de empezar de nuevo, de no volver a tu ex ni en pintura, de volverte a enamorar sanamente algún día, de ser feliz, de ser coherente con tu esencia y de seguir viviendo en plenitud. Eres capaz de muchas cosas, sólo necesitas ponerte a prueba. Ante una pérdida afectiva, la mayoría de la gente ve disminuidas sus capacidades, se siente fracasada y débil. Esta "contracción" psicológica es una manera de defenderse, como si la mente dijera: "La vida es amenazante y peligrosa, así que viviré un poco menos, me aislaré". La retirada puede ser una respuesta estratégica para que el organismo se recupere; sin embargo, no hay que exagerar. Toma fuerzas, pero no te escondas de tu vida cotidiana. Hagas lo que hagas para huir, de todas maneras te tocará enfrentar tu existencia. No escapes todo el tiempo. Toma aire, asúmelo y regresa al campo de batalla. La premisa que debe regir tu comportamiento es: "Tengo confianza en mí, en lo que soy, en mi potencial". Confianza de que podrás alcanzar tus metas, que superarás los obstáculos, que persistirás en salvarte y volverás a amar con tranquilidad. Si te gusta rezar, sólo pide esto: "Autoconfianza". Cree en ti por sobre todas las cosas, y lo otro vendrá por añadidura.

Resistencia, resistencia, resistencia...

No pienses que olvidarás al otro y enfrentarás tu nueva condición de "separado" o "separada" de un día para el otro. Necesitarás una gran dosis de persistencia para superar la situación. Darás dos pasos para adelante y uno para atrás, o cuatro para adelante y dos para atrás, pero el balance, a la larga, será positivo. Dudarás, a veces caminarás en círculos, y a la postre saldrás adelante, si lo intentas seriamente. Se trata de fortalecerte interiormente y de que, cada día, la pérdida te duela lo menos posible. Entonces tu aprendizaje deberá ser por aproximaciones sucesivas, poco a poco, para incrementar tu capacidad de resistencia. No caigas inmediatamente ante la primera tentación de regresar con tu ex, trata de ganar aunque sea un round: así se empieza. Si quieres hablar con ella o con él y el deseo es demasiado intenso, pon un alto, dilátalo, frénalo, así sea por unos segundos o minutos. Si ya tienes el teléfono en la mano para llamar, o acabas de entrar al Facebook para conectarte, suspende la conducta, ponla entre paréntesis por un momento. Retírate de la pantalla, suelta el teléfono, vete a otro lugar. No obedezcas de inmediato al impulso que te dice: "¡Hazlo ya!". Resiste y *posterga* la conducta que te empuja. Si no eres capaz de dar un no definitivo, retrasa al menos la urgencia: "Me contactaré por la tarde". Entonces descubrirás algo interesante: *durante ese intervalo de autocontrol, por más pequeño que sea, habrás sido tú quien manda.* Con el tiempo demorarás cada vez más el efecto del impulso.

Es como cuando sientes miedo y tienes ganas de correr e irte lejos del estímulo que te molesta. Si lo que te amenaza no pone en peligro tu salud física y mental, podrías quedarte y aplicar la estrategia de "habituarte" para no dar tan fácilmente el brazo a torcer. La consigna es la siguiente: no corras de inmediato, tolera la adrenalina unos momentos para que tu organismo se vaya acostumbrando a ella. "Soporta y abstente", como decía Epicteto, así sea por un corto tiempo, porque en ese breve lapso, por pequeño que sea, habrás vencido el miedo.

Repitamos la proposición: *enséñale al impulso, al deseo o a la urgencia emocional que no te has entregado y que aún quedan restos de dignidad en ti.* Podrás manejar tu desesperación si incrementas tu autocontrol. Una paciente me relataba así su mejoría: "Hace un mes no podía estar ni un minuto sin llamarlo y hoy puedo pasar hasta una semana. Yo sé que me falta, pero voy avanzando". Es el camino de la independencia. No es la solución definitiva, pero es más fácil luchar cuando tienes algún control sobre tu conducta que cuando no tienes ninguno. Y un ingrediente más: cuando logras resistir, tu autoconcepto cambia positivamente, se robustece, te sientes mejor con tu persona. Podrás decir: "Un día sin sufrir por ti es una victoria, una batalla ganada". Y en cuanto menos lo pienses, habrás derrotado la tentación.

Pon en práctica la "evitación saludable"

Aunque la idea principal es que las dificultades se vencen enfrentándolas, hay algunas evitaciones que son recomendables y saludables. Cuando ya nada puedes hacer ante un imponderable y tus recursos internos y externos no funcionan, quizá correr sea la mejor opción. Este "escape racional", circunstancial y concreto, no es cobardía, sino inteligencia adaptativa. Meterse a la boca del lobo sólo para "ensayar" puede tener un costo muy grande, sobre todo en el amor. Por ejemplo, si todavía tienes algún contacto con tu ex en espera de que el amor repunte, habrás puesto el cuello en la guillotina. La fórmula: "Sólo seremos amigos, y nada más", cuando tu corazón sigue comprometido y enganchado al amor, es un acto masoquista e insensato. Una paciente me decía refiriéndose a su relación con el ex: "Él y yo ya no tenemos nada, sólo sexo". ¡Sólo eso! Estaba en el lugar equivocado porque cada relación sexual, sin ternura y sin muestras de amor, era una tortura para ella. La mejor opción en circunstancias como ésta o similares es retirarse de la situación "amorosa" que te lastima (*time out*) y romper cualquier tipo de vínculo hasta que el duelo no esté completado, es decir (para que lo entiendas): *nada de nada.*

Lentifica tu pensamiento y abre un diálogo interior

Se trata de lentificar el proceso perceptivo, observarlo como si se tratara de una película en cámara lenta, estudiarlo paso a paso para no dejar entrar la distorsión. Enfriar el pensamiento tiene la ventaja de que puedas identificar los errores e inconsistencias en tu manera de pensar. Este recurso no pretende que cambies tu comportamiento de inmediato sino que puedas observarlo, comprenderlo y ubicarlo en contexto: qué lo dispara, cuál es su contenido y cuáles son sus consecuencias. Se trata de oponer la razón a la emoción hasta donde sea posible, concentrándote en el pensamiento y profundizando en él. Algunas preguntas que abren el diálogo interior son: "¿Por qué me siento así?", "¿Me sirve o no me sirve esta manera de pensar?", "¿Qué tanto me estoy alejando de la realidad?", "¿Me estaré engañando a mí mismo?".

Por ejemplo, en vez de descalificarte por la persona a quien amabas, podrías decirte: "Soy un idiota porque lo único que hago es pensar en mi ex", podrías enfriar la cuestión y tener el siguiente diálogo interior u otro similar: "Sé que es difícil no pensar en ella. Mis sentimientos me nublan la razón y hago cosas absurdas. Pero si no me quiere, ¿para qué seguir alimentando la ilusión de estar con ella?

Debería tener más dignidad, retirarme de una vez por todas y buscar la causa de mi conducta compulsiva. Quizá no tengo suficiente tolerancia a la frustración, me falta aprender a manejar la soledad o poseo una personalidad obsesiva. Cuando mi ex me dice de frente que no me quiere, ¿por qué no le creo? ¿Qué me hace ignorar la evidencia? Debo pensar en esto con más calma, y si no soy capaz de resolverlo, pediré ayuda profesional". Un análisis de este tipo tiene dos ventajas: no aporreas tu autoestima y abres una puerta para discurrir razonablemente sobre lo que te ocurre. No importa que no encuentres la solución de manera inmediata, lo que interesa es intentarlo sin maltratarte, para que todo el sistema mental se regule.

Repitámoslo: la idea es que tu mente vaya más despacio y actúe a conciencia, es tratar de pensar antes de actuar y reflexionar al respecto. Identificar de qué manera la propia mente juega al autoengaño. Cuando las ganas por tu ex te apremien, no respondas a sus órdenes como si fueras una esclava; intenta pensar de manera razonable y razonada. Haz un recuento lo más objetivo posible: pros y contras. Piensa para dónde vas, qué es exactamente lo que buscas y si tu meta tiene asidero en los hechos o la realidad. Conversa con tu persona, hazte preguntas y trata de responderlas. Si afirmas con desesperación: "¡Es que lo amo!", racionalízalo, que el pensamiento inteligente se convierta en un dique de contención. Siéntate en un lugar cómodo, respira y trata de poner tu sentimiento en contexto. Podrías decirte, por ejemplo: "Quizá sea mejor tranquilizarme antes de actuar". Algunas personas prefieren escribir sus pensamientos racionales o adaptativos y releerlos luego para que tomen más fuerza. Lo que sientes por tu ex no tiene por qué mandar sobre ti, si no quieres ni lo dejas.

Modelado encubierto y ensayo mental

Cuando ya no puedas más y la tristeza o la angustia te empiecen a molestar seriamente, puedes ensayar el *modelado encubierto* como una forma de lucha. La base de este ejercicio es imaginarte a ti mismo o a ti misma actuando en la manera correcta, haciendo precisamente lo que no has sido capaz de hacer. Veamos un ejemplo de modelado encubierto que llevó a cabo una paciente que, después de dos años de separada, aún guardaba la esperanza de volver pese a los desaires del exmarido. Una vez acostada y relajada, con los ojos cerrados, ella comenzó a crear una serie de imágenes constructivas donde se veía a sí misma luchando valientemente contra el deseo de estar con él y haciéndose respetar. La secuencia que ella imaginó y verbalizó fue como sigue:

Ahora estoy sentada en el sillón de su casa y él me dice que soy la misma incapaz de siempre. Yo, en vez de quedarme callada y bajar la cabeza como hago siempre, me paro, me acerco y le digo mirándolo a los ojos: "A mí me respetas, ¿entendiste? Tú no me interesas en lo más mínimo. No hay nada entre nosotros ni lo habrá". En ese momento pienso que he perdido mucho tiempo tratando de arreglar las cosas y que no soy una persona tan despreciable como para que me trate así. Él me da la espalda con indiferencia y yo no me siento mal como en otras ocasiones. Me importa un rábano y veo todo con claridad: no me ama, ni merece que yo lo ame. Entonces me levanto y le digo: "Ya no quiero estar aquí". ¡Y me voy sin pena! ¡Salgo a la calle que me pertenece, a la ciudad que es mía, al mundo que respiro! No digo: "Qué dolor, ¿por qué debo alejarme de él si lo amo?", lo que digo es: "Soy libre de un amor que me esclavizó por años". Me veo a mí misma contenta y con una vida por delante. Esta vez no entré en su juego, no dejé que me castigara.

Este ejercicio, si se repite dos o tres veces al día, va calando y generando confianza. No es autoengaño sino confrontación. Serás tu propio modelo en tanto te veas actuar como deberías hacerlo. Se ha demostrado que este método no sólo baja la ansiedad y modula la tristeza, sino que aumenta la autoeficacia. Cuánto más ensayes la conducta positiva imaginariamente, más fácil te resultará llevarla a la práctica. No es la panacea (al igual que ocurre con cualquier técnica aislada), pero si la incluyes en un paquete más amplio de recursos, ayudará a facilitar el proceso del duelo.

10

BUSCA UN "YO AUXILIAR" Y TENLO A LA MANO

Es amigo mío aquel que me socorre, no el que me compadece.

Thomas Fuller

Un ser querido que te sirva de conexión a tierra

Si necesitas a un ser humano que te consuele y te dé fuerzas para seguir, busca a una persona que cumpla, al menos, dos requisitos: (*a*) que sólo haya entre ustedes un lazo fraternal, y (*b*) que sea incondicional contigo. La misión de un "yo auxiliar" (que no siempre puede hallarse) es la de ser un soporte afectivo, por lo que debe ser una persona comprensiva y estar disponible para tus pataletas y quebrantos emocionales. Como bien lo sabes, la urgencia puede ocurrir en cualquier momento. Necesitas un interlocutor válido, el abrazo, que te tomen de la mano, que te preparen un té caliente, que te escuchen con la atención de un búho, que te digan "sí" aunque no tengas razón (al menos mientras dure la crisis), en fin: requieres de una mente dispuesta y abierta que te ofrezca el hombro de manera leal y sin esperar nada a cambio.

Si tu "yo" se ha desconfigurado, necesitas otro disco duro que se conecte al tuyo: un amigo o un familiar, un amable reparador que no te deje caer al subsuelo ni doblegarte. Por lo tanto, se requiere de tu parte una buena dosis de humildad al pedir asistencia a ese alguien. Y no me refiero a la ayuda profesional, porque ningún psicólogo o psiquiatra estará dispuesto a socorrerte todo el tiempo y a toda hora, ni siquiera por teléfono. Hablo de ese cable a tierra

YA TE DIJE ADIÓS, AHORA CÓMO TE OLVIDO

que te tiende desinteresadamente el compañero o la compañera de andanzas.

Debes evitar caer en un duelo crónico, es decir, que entres en un circuito reverberante de pensamientos negativos que se retroalimenta a sí mismo y te empuja hacia abajo, haciéndote sentir cada vez más miserable. Un duelo crónico implica que te quedes anclada o anclado en la depresión y que la tristeza dure más de la cuenta. Si éste es el caso, necesitarás ayuda profesional para salir del estancamiento patológico.

Un buen "yo auxiliar" debe ser cálido, paciente y con cierto sentido común para que no pierda las proporciones. Recuerdo a un paciente que buscó ayuda en su mejor amigo, un hombre separado hacía unos meses y con un gran resentimiento por su ex que había generalizado a todo el sexo opuesto. Entre sus "consejos" preferidos estaban: "¡Las mujeres son todas una perras!" o "¡Hazle la vida imposible a esa imbécil!". No se trata de llenarle la cabeza al sufriente de resentimientos o apabullarlo con lecciones insalubres de todo tipo, sino de ser un observador amable, sensato y discreto. Si tu "yo auxiliar" está peor que tú, es preferible seguir por tu cuenta.

Veamos algunas situaciones típicas donde la presencia del "yo auxiliar" cobra especial relevancia:

- Cuando estás a punto de hacer la "llamada mortal" al ex, *la que generará por enésima vez un cruento rechazo de su parte*. En este caso necesitas del otro "yo" para que te distraiga y te recuerde los motivos por los cuales es mejor tirar el teléfono por la ventana y no recaer. No importa que ya lo sepas "teóricamente": la voz de la persona amiga y sus palabras, así sean repetidas, fortalecerán tu autocontrol.
- Cuando a las tres de la mañana perdiste la perspectiva sobre *cuál es la cuota real de tu responsabilidad en la ruptura* y

entras en una espiral ascendente de autoflagelación: "Soy un desastre", "Todo fue por culpa mía", "No sé amar", "Nadie me querrá", y cosas por el estilo. En ese momento lo que necesitas es que te reafirmen que no eres la principal o el principal culpable, que no eres la maldad encarnada y que tu ex no era un dechado de virtudes. Que te lo digan en voz alta, que te lo escriban en letra gótica y te lo susurren en varios idiomas: eres inocente.

- Cuando estás con la esperanza alborotada y al amanecer, al ver los primeros rayos del sol, *se dispara automáticamente una expectativa positiva y la ilusión de que quizás...* una segunda oportunidad o una tercera o una cuarta sean el remedio definitivo. Es decir: insistir más allá de cualquier esbozo de dignidad. En estos casos necesitas con urgencia que el "yo auxiliar" te dé un baño de veracidad y te lleve amorosamente hacia la desilusión más terrenal posible: "No funcionó ni funcionará". Llorarás a moco tendido y harás catarsis hasta que elimines el ataque de esperanza disparatado, al menos por el momento.

- Cuando *quieras compartir el silencio cómplice, una película o un almuerzo*. Es decir, la compañía sentida y vivida junto a alguien que te acepte incondicionalmente y no exija nada a cambio.

- Cuando *desees comentar que te sientes un poco mejor*. Me refiero a aquellos días buenos en que te sientes renacer y necesitas gritarlo con toda tu fuerza, publicarlo, contarlo. Tu "yo auxiliar" será el receptor inicial de tu alivio y alegría compartidos.

- Cuando parezcas una piltrafa, no te hayas bañado desde hace días, apenas comas y te arrastres por tu apartamento con la misma ropa y los mismos pensamientos. Aquí es cuando necesitas que alguien te sacuda y se haga cargo de tu cuidado personal. *Alguien que te pare frente a un espejo para que te asustes de tu aspecto y tomes consciencia.*

- Cuando te sientas carente de afecto y necesites de manera imperativa cariños y mimos explícitos, el "yo auxiliar" puede colaborar. Pídele un "bombardeo de abrazos". ¿En qué consiste? En que, sin mediar palabra ni explicaciones, te abracen una y otra vez, de manera intensa y sostenida. Abrazos fuertes hasta agotar los brazos. Lluvia de estrujones cariñosos.

En fin, cuando nos dejan de querer y la soledad se apodera de nosotros, es una bendición contar con un camarada de a bordo que nos ayude a navegar por el mar del sufrimiento.

Es importante aclarar que el "yo auxiliar" no debe alimentar la dependencia: *sólo es una ayuda provisoria, mientras te vas fortaleciendo.* Apóyate en él o en ella, sin que se convierta en una muleta permanente. Que su ayuda sea un punto de arranque para ser cada día más libre e independiente. Nadie podrá hacer por ti lo que tú no hagas. Incluso hay gente que no requiere de sostén alguno y sale adelante por sí sola, pero no todos tenemos la misma entereza, y no hay que avergonzarse por ello. He conocido gente extraordinaria, que sin la amistad oportuna o la mano tendida de algún familiar hubiera tenido que transitar un camino mucho más penoso durante su duelo.

Aunque no lo creas, siempre habrá alguien que te quiera

La separación puede generar en algunas personas inseguras un esquema sumamente dañino para su salud mental. Interiorizan el fracaso afectivo y lo atribuyen a una especie de malformación amorosa y categórica: "No soy querible". La sobregeneralización es altamente destructiva: "Si fracasé una vez, seguiré haciéndolo", y en consecuencia se apartan de cualquier relación posible y se sienten "marcados" de por vida. Una paciente me confesaba: "Me avergüenza que alguien me conozca de verdad y descubra quién soy". Cuando le pregunté quién creía ser, me respondió: "Soy un fraude". Andar por el mundo con esa carga de autodesprecio y poco merecimiento conlleva a una conclusión fatalista: "Mi destino es la soledad afectiva".

Si éste es tu caso, probablemente estés al borde de la depresión o ya hayas entrado en ella y necesites ayuda. De todas maneras, apelo a la inteligencia emocional que te queda. Pese a los embates y desmanes del desamor, siempre queda algo de reserva afectiva y cognitiva para luchar y salir adelante. El principio de supervivencia que quiero que invoques es como sigue: *si no te quiso tu ex o fracasaste en esa relación, siempre habrá alguien dispuesto a quererte limpia y sanamente.* No importa quién seas, cómo seas, cuántas sean tus riquezas o pobrezas, siempre habrá alguien que valga la pena con el corazón dispuesto para recibirte (si no te encierras a ti mismo o a ti misma). Eres más apetecible de lo que crees, te lo aseguro. Además tienes el plus de los supervivientes del amor: ya sabes *lo que no quieres de una relación.* La elaboración del duelo te llevará, entre otras cosas, a tener más lucidez sobre el amor: tendrás claro que jamás negociarás tus valores más sentidos. Allí radica tu fuerza, por si no te habías dado cuenta. Allí reside tu capacidad de ofrecer a un nuevo amor algo maravillosamente coherente: "Esto soy, esto doy y esto quiero". Tu "yo" desplegado, genuino y profundamente coherente.

No te declares en quiebra afectiva, no dejes que los acreedores te aíslen: una batalla no es la guerra. No digo que haya que fracasar obligadamente para establecer una pareja que valga la pena; lo que sostengo es que un error no determina el futuro. Siéntete querible, amable, digna o digno de que te amen como mereces. No pierdas autorrespeto, no te regales, no compres amor. Tira las redes como un buen pescador. No te escondas, suelta tu perfume, deja caer tus feromonas descaradamente, insértate de cabeza en la vida, pasea, muévete, incursiona y siéntete especial. Podrías decirte a ti misma o a ti mismo, una y otra vez, como un mantra a favor de la autoestima: "¡Qué suerte tendrá la persona que yo ame!". No te quedes de brazos cruzados ni digas "Dios mío, ¿cuándo podré tener una pareja que valga la pena?"; sólo actúa, incrementa las probabilidades de su aparición, sin ansiedad, sin desesperación. Avísale al mundo que existes.

Recuerdo que en cierta ocasión, en un momento difícil de mi vida, conocí a una gran mujer. Ella se presentó así ante mí: "Soy tu regalo de la vida, ¡acéptame!". Nunca lo vi como egolatría ni arrogancia de su parte. Mi relación con ella, mientras duró, fue una suerte de sanación; ella fue una persona que me sacó del letargo y me puso a funcionar. Yo lo llamo "empujón amoroso": un ser humano que de pronto aparece, te contiene y te lleva de la mano cuando no eres capaz de andar por ti mismo. Un regalo... ¿un ángel?

11

¡PROHIBIDO AUTOCASTIGARSE!

La suprema felicidad de la vida es saber que eres
amado por ti mismo o, más exactamente,
a pesar de ti mismo.

Victor Hugo

El autocuidado psicológico

Quizás hayas perdido algo de amor propio además de tu pareja. La pérdida afectiva muchas veces se acompaña de una autoobservación intrusiva e inclemente por parte del damnificado. Las víctimas se esculcan y revisan hasta la quintaesencia, y no siempre para bien. Buscando una explicación que justifique la separación, suelen personalizar las causas y se ponen en el centro de la autocrítica. Esto puede durar días, semanas o meses, y en ocasiones se convierte en un estilo permanente. Insisto: no le ocurre a todas las personas, pero cuando pasa es autodestructivo para la salud mental hasta el extremo de crear odio personal y culpa lacerante: "Me equivoqué en todo", "Soy un desastre", "No merezco que nadie me quiera", y otras autoverbalizaciones similares, profundamente disfuncionales.

Si estás en esta etapa debes tratar de frenarla y conectarte con una autoevaluación más benigna. Aceptemos que no eres un dechado de virtudes, pero de ahí a ser un desastre y bordear los límites de la miseria humana, hay una diferencia. Confórmate con ser normal: tienes cosas buenas y malas, como todos, y cometes errores y aciertos. Ni ángel ni demonio: eres más bien una persona que carga el despecho, el abandono o la pérdida, y por lo tanto sufre, así que no ganas nada con agrandar la herida. No te trates mal, no te insultes ni autocastigues, porque aunque no lo creas mereces lo mejor por el solo hecho de estar viva. ¿Te equivocaste? Pues aprende de la experiencia ¿Que extrañas a tu ex? Aguanta y lucha contra la añoranza, que ya pasará. ¿Que te sientes solo o sola? Rodéate del afecto de seres queridos, de amigos o de gente del común. No te laceres en nombre del amor o del desamor: no vale la pena. Además, es posible que te arrepientas cuando la razón marque un alto a tu acelerado corazón. Te pido que seas más benigno con tu persona. Agrégale una pizca de autocomplacencia a tu actitud autocrítica: que en el proceso de tu pérdida afectiva no haya ni vencedores ni vencidos.

Las actitudes negativas que debes evitar para no lastimar tu "yo"

Uno de los principales cambios que necesitas para salir del pozo en el que estás es la ayuda que puedas propiciarte a ti mismo. Cada vez que te castigas y te culpas por lo que deberías haber dicho o hecho, te hundirás más en la depresión y en una sensación de apatía frente a la propia existencia. ¿Qué hacer? No aplicarte el autocastigo psicológico en ninguna de sus formas, negarte a él por principio. Si quieres criticarte, hazlo con respeto y de manera constructiva, sin acabar con tu valía personal. El autorreproche indiscriminado es una forma de flagelación que no mereces. Veamos algunas de estas actitudes y pensamientos negativos sumamente contraindicados para el bienestar emocional.

"No soy querible"

Un paciente afirmaba de manera categórica: "Si alguien llegara a conocerme se decepcionaría de mí porque no soy una persona interesante ni digna de amor". ¿Cómo aspirar a una vida saludable con semejante autoevaluación? ¿Habrá algo más deprimente que considerarse "inherentemente defectuoso" hasta el límite de creer que uno no merece ser amado? Y no se trata de un caso extremo. Muchas personas, en un nivel no consciente, se autoevalúan de forma extremadamente negativa en cuestiones afectivas, y por eso prefieren estar solas. Un dejo de vergüenza las acompaña, vergüenza de existir y de esperar que alguien las quiera.

Algunos de mis pacientes, mujeres y hombres, bajo la consigna de no considerarse queribles, utilizaban el siguiente precepto autodestructivo, al menos para el amor: "Cuanto más me guste alguien, más me alejo de su lado... No quiero ilusionarme y sufrir". La trampa estaba puesta. Si me alejo de la gente que me gusta y de cuanto prospecto amoroso aparezca, las probabilidades de hacer contacto con alguien que valga la pena disminuyen sustancialmente, y de esta manera confirmaré: "Nadie me quiere". El círculo antiafecto perfecto. ¿Cómo sobrevivir a esta negación del amor y a este asilamiento afectivo? Si piensas de este modo vas rumbo a una depresión severa: el rechazo de tu propio "yo" o el fastidio de ti mismo es lo que más afecta a tu salud mental. Decir "nadie me querrá" es hacer uso de un pensamiento catastrófico que te inmovilizará emocionalmente. No insistas: no eres un esperpento afectivo, así que no te escondas ni trates de pasar desapercibida o desapercibido para el resto del mundo.

Obsérvate con sinceridad y trata de ver en lo más profundo de tu ser, no sólo lo malo, sino también tu valía, tus virtudes, tus esperanzas y la opción de hacer feliz a alguien. No necesitas volar ni tener superpoderes, sino ser tú mismo con la mayor intensidad posible, de manera auténtica, para que el amor te toque y florezca. Obviamente esto no quiere decir que tengas que enredarte con la primera persona que pase o ceder al primer impulso sin importarte las consecuencias. Lo que quiero decir es que la posibilidad de "éxito afectivo" está abierta. Habrá quien te quiera y quien te odie o te considere insoportable, nos pasa a todos (si todo el mundo te amara serías una persona estadísticamente sospechosa). Así que no generalices: si alguien no te quiso, cierra esa puerta con doble candado y abre otras; es un error tomar como punto de referencia el fracaso o la desgana de tu ex. Evita el salto lógico-deductivo de la gente irracional, que afirma: "No me han querido una vez o dos, por tanto, nadie me querrá" o "Si mi ex no me quiere, nadie me querrá". Se trata de malos silogismos que alimentan el mal de amor. Insisto una vez más: eres querible, así no te guste y hagas pataletas, así te niegues, así afees tu figura, así te vuelvas inaguantable para el otro y te aísles. Serás querible ahora y siempre, porque invariablemente habrá alguien dispuesto a jugarse todo por ti y aceptar con ganas lo que representas.

"No merezco ser feliz"

Aunque parezca incomprensible, hay personas que se apegan al dolor y hacen de él una especie de culto. Se acostumbran al sufrimiento como si fuera una fatalidad inescapable y eliminan de sus vidas cualquier rastro o manifestación de felicidad. Procesan la alegría y el bienestar con cierta extrañeza porque, de acuerdo con su manera de pensar, no les pertenecen por derecho propio. Una paciente me decía: "Si me siento bien con mi esposo, debo hacer algo para sentirme mal y arruinarlo todo. Sé que estoy haciendo algo inadecuado, pero es más fuerte que yo y no puedo parar: peleo, discuto, invento problemas y me pongo insoportable". ¿Masoquismo? Es posible, además de sadismo, porque quien sufre también es la pareja.

He conocido a gente que lleva a sus espaldas un fardo de problemas, organizados por orden de dificultad, y cuando resuelven el primero de la lista, pasan al segundo y así sucesivamente. El asunto es que las dificultades nunca acaban porque la lista se completa todos los días y por lo tanto siempre habrá de dónde sacar angustia. En estos individuos, la mente funciona principalmente como un centro de resolución de problemas: "Ya resolví uno, veamos cuál sigue". No hay descanso, las contrariedades y complicaciones se enganchan unas a otras sin dar tregua. No queda ni tiempo ni espacio para el bienestar o la tranquilidad del alma.

Una mujer ya entrada en años me explicaba su actitud pesimista: "Me he habituado a la infelicidad, así que cuando por momentos aparece algo de placidez y tranquilidad, inmediatamente me pregunto: '¿Qué irá a pasar de malo ahora?'". Desdichados y videntes de la "mala suerte", como si el universo o algún tipo de providencia debieran compensar en ellos lo bueno con lo malo. La conclusión es terrible: para evitar disgustos e infortunios es recomendable alejarse lo más posible de la felicidad o cualquiera de sus manifestaciones, por ejemplo: el buen amor.

Estas personas "prodesdicha" muy difícilmente harán del amor una experiencia plena y saludable. Refunfuñarán minuto a minuto, viendo más lo negativo que lo positivo. El vaso estará siempre medio vacío y no sabrán gestionar el vínculo afectivo, con todo lo que ello implica. Su modo de amar y manejar el despecho o una separación estará atado a la desventura y el conflicto como una profecía autorrealizada: su ex estará en su cerebro como una carga justa y merecida. ¿Las causas de semejante despropósito amoroso? Básicamente son dos, que se conjugan entre sí:

- Haber tenido una educación donde el placer, en cualquiera de sus formas, fue restringido o reprimido, creando una manera de pensar orientada a un estoicismo mal entendido: "Vivir es sufrir; y amar, aún más". Este esquema antihedonismo genera una incapacidad de gestionar el placer, cuya premisa afirma: "Sentir mucho y disfrutar es peligroso". Desde esta perspectiva, sufrir por el ex se convierte en una forma de expiación o fortalecimiento del "yo".

- Una baja autoestima. Desde temprana edad se genera un estereotipo de sí mismo (autoesquema), donde prevalece el aislamiento y el autocastigo motivacional. Un paciente comentaba: "¿Estar contento de qué? Soy feo, fracasado, incapaz y poco interesante. ¿De qué felicidad me habla usted? Por eso soy así: circunspecto, no me río, no demuestro mis sentimientos y evito los placeres mundanos. Es mi manera de sobrellevar una vida que odio". Cuando lo dejó la novia no se cansaba de decir: "Es entendible: yo en su lugar hubiera hecho lo mismo".

Si quieres estar en pareja debes tener alegría para dar y compartir, debes estar dispuesta o dispuesto al disfrute, a la risa, a la aventura responsable, a la improvisación y a que la creatividad te salga por los huesos. La amargura hunde el amor en un instante. La mayoría de los estudios muestran que una buena relación de pareja ayuda a ser feliz, te fortalece internamente y agrega motivación positiva a tu existencia. ¿Cómo diablos quieres entonces embarcarte en un amor que valga la pena si niegas la oportunidad de ser feliz? No importa qué hayas hecho ni cómo haya sido tu historia afectiva, mereces sentirte bien, así te des golpes de pecho y te reproches a cada instante por qué te dejó esa mujer "maravillosa" o ese hombre "excepcional". Tu ex no es un indicador fidedigno de cuánta dicha puedes llegar a sentir, ni tampoco es quien debe sentenciar si mereces ser feliz o no. No le hagas caso. Sólo ha sido una circunstancia en tu vida, una experiencia más que de ninguna manera marcará tu destino.

En una ocasión le dije a un niño, como reto: "Anda, sé feliz, quiero verte. Sólo sé feliz". El niño se quedó pensando unos segundos

PROHIBIDO AUTOCASTIGARSE!

sin apartar su mirada y de pronto sonrió de oreja a oreja. Esa idea de la felicidad que esbozó aquella criatura es muy bella: si te nace de verdad, sonríe una y otra vez, sonríe hasta que se te cansen los músculos. Regala sonrisas cada vez que puedas, aunque a veces no te sientas bien: por la mañana y por la noche, a la gente desconocida, a las estrellas, a los viejos y a los jóvenes, cuando te mires al espejo, a las personas que amas e incluso a las que no quieres tanto. Se te devolverán. Sonrisas no bobaliconas, sino auténticas, de las que te nacen y explotan en tu cara inevitablemente. Si lo haces, habrás encontrado un punto de convergencia donde la paz interior se mezcla con la alegría. Será un buen comienzo.

"Soy una mala pareja"

¿Qué es ser una buena pareja? Buen sexo, buena amistad, dar y recibir ternura, y cuidarse el uno al otro. Y aunque la mayoría de la gente está de acuerdo en estos puntos, finalmente, al "buen amor" lo definen los integrantes de cada vínculo de acuerdo con sus expectativas y metas personales. Podrías ser afectivamente insoportable para alguien y resultar excepcional como pareja para otra persona. El relativismo amoroso existe y se hace evidente en tu historia afectiva; mira hacia atrás y encontrarás amores y odios incondicionales de tus ex.

¿Qué es, por el contrario, ser una mala pareja? Ser deshonesta, egoísta, infiel, indiferente y agresiva con tu compañera o compañero, entre otras cosas. Aunque es probable que tengamos concordancia en estos puntos básicos negativos, no podemos perder de vista que muchas veces lo "malo" de una relación puede subsanarse si la cuestión no es tan grave, es decir: *podemos aprender a ser una pareja adecuada*. Es imposible aprender a enamorarse a fuerza de voluntad y buenas intenciones, pero por el contrario, sí puedes aprender a convivir con quien amas de una manera pacífica y saludable.

No venimos ungidos por alguna fuerza sobrenatural ni biológicamente determinados con el repertorio necesario para saber vivir de a dos, aunque nos agrade estar en familia y tener a alguien con quien compartir la vida. Así que si te ha ido mal una y cien veces en el amor, existe la posibilidad de que modifiques tu supuesta "predestinación" para lograr una relación exitosa. La infinidad de terapias de pareja existentes en el mundo lo atestiguan.

Así que antes de creerle a tu ex el cuento de tu supuesta incapacidad de funcionar como pareja, no lo tragues entero: repasa sus críticas, analízalas con cuidado y trata de evaluar su credibilidad. Asume tu presunción de inocencia. Tal como dije antes, ten en cuenta que a veces las personas que se separan deciden echarle la basura al otro para quedar limpias de toda culpa; no vaya a ser que termines haciéndote cargo de la suciedad ajena. Tu mejor herramienta es el *autoconocimiento*: saber cómo eres, qué te falta y qué te sobra para pulirte y estar listo para iniciar una relación saludable y funcional. La sinceridad por delante, lo cual no significa que andes con un garrote invisible y te des de golpes, sino que te autoobserves directamente y sin melindres.

Si alguien te pregunta: "¿Eres una buena pareja?", podrías responder: "Depende de quién sea mi compañera". Una paciente, después de dos años de separada, me comentaba: "Mi primer marido me decía que era pésima en el sexo, que no me interesaba por sus cosas, que era aburrida y poco solidaria. Ahora, mi nueva pareja me dice que soy la mejor amante, que se siente contenido por mí y que soy la persona más confiable del mundo. Le aseguro, doctor, que seguí siendo la misma todo el tiempo. No cambié un ápice en la manera afectiva de relacionarme. Creo que en el amor, cada quien ve lo que quiere ver". Y en gran parte es verdad: todo depende del cristal con que te mire tu media naranja. Tu misma conducta podría ser evaluada de manera distinta por una pareja u otra. Así que no tomes lo que te haya dicho tu ex como "palabra de Dios".

La idea de que uno es mala pareja también puede provenir de individuos que han tenido varios fracasos afectivos o relaciones que les han hecho sufrir mucho. Una paciente se quejaba así de su historial afectivo: "He tenido tres relaciones y siempre me han dejado. Debo tener algo horrible para que siempre suceda lo mismo. Supongo que se cansan de mí por algo". Un estudio detallado mostró que se consideraba a sí misma una mujer débil e insegura, y por tal razón se sentía atraída por hombres fuertes y poderosos que se hicieran cargo de ella. Esta forma de "compensar" sus déficits la llevaba a enredarse con sujetos bravucones y ególatras que la utilizaban y luego la hacían a un lado, paradójicamente, por considerarla débil. Sólo logró mejorar sus relaciones cuando consiguió sentirse más segura de sí misma y pudo elegir a sus parejas sin buscar compensar nada. No era una *mala pareja*, era una *mujer débil*.

No te etiquetes, por favor. Asimila esta máxima: *se aprende a ser pareja viviendo en pareja. Training* emocional. No te condenes diciendo: "Soy una mala pareja". Piensa el contenido de tus autoafirmaciones antes de colgarte un letrero y trata de no utilizar categorías globales que involucren y ataquen tu valía personal: céntrate mejor en aquellos comportamientos concretos que deberías cambiar. Por ejemplo, en vez de afirmar tajantemente: "No sé amar" o "Como pareja soy un desastre", podrías decir: "Trataré de ser menos egoísta y escuchar más a mi pareja" o "Debo aprender a disfrutar más las relaciones sexuales, por eso buscaré un terapeuta". En fin, conductas concretas y no clasificaciones totalizadoras que afecten negativamente tu persona.

"No soy una persona normal, me separé"

Una paciente llegó a mi consulta porque se sentía muy deprimida. Cuando comencé la anamnesis e indagué sus datos personales, ocurrió un hecho relevante desde el punto de vista psicológico. Al querer saber su estado civil, se le subió el rubor a la cara, agachó la cabeza y dijo en voz baja: "Separada". Luego me miró a los ojos unos segundos y volvió a repetir: "Separada". Era evidente que se avergonzaba de su condición. Le pregunté por qué asumía esa actitud y me respondió: "No soy una persona normal, me separé". Obviamente esta creencia sobre su vida afectiva y sobre ella misma la bloqueaba social y emocionalmente. Ella llevaba en su ser una especie de marca, como en la novela de Nathaniel Hawthorne *La letra escarlata*, cuya protagonista es una mujer adúltera a quien obligaban a llevar la letra "A" bordada en el vestido como una forma de sanción moral y social. Mi paciente, aunque no vivía en el siglo XVII, se sentía llevando la letra "s" (de "separada") e incluso pensaba que la gente murmuraba a sus espaldas y la señalaba. Al cabo de algunas sesiones descarté cualquier tipo de paranoia y descubrí con asombro que en realidad sí era señalada por su entorno inmediato, debido a que habitaba en una subcultura especialmente conservadora. Una vez separada, la familia se alejó de ella y muchas amigas y amigos dejaron de frecuentarla. La letra "s", simbólicamente hablando, sí existía, y en su ambiente hacía que la segregaran hombres y mujeres, como si por el hecho de haber terminado con su matrimonio fuera una persona contaminada y contaminante. El exmarido había tenido un romance con la profesora de sus hijos, y cuando ella le pidió que la dejara e hicieran un nuevo intento, él le propuso que siguieran casados y manteniendo las apariencias, pero sin dejar a su amante. Ella no aceptó ser partícipe ni cómplice de semejante enredo y le pidió que se fuera. Ésa fue su culpa y su transgresión. Él no llevaba ninguna

PROHIBIDO AUTOCASTIGARSE!

letra bordada ni asociada. Después de varios meses de terapia, mi paciente pudo salirse de dos vínculos enfermizos: su medio social y su ex, quien después de un tiempo quiso volver y a quien ella entonces rechazó. Finalmente se hizo cargo de sí misma y de sus hijos con entereza y valentía. ¡Deberían haberla felicitado y bordarle la letra "v" de victoria! Su tendencia autodestructiva se trasformó en un esquema de autoaceptación, aunque la moral y las "buenas costumbres" dijeran lo contrario.

Bajo cierto tipo de sanción y presión social, manifiesta o soterrada, mucha gente se siente "distinta" y segregada por haberse separado. Como yo veo la cosa, separarse a consciencia y responsablemente, habiendo sopesado pros y contras, es más un acto de inteligencia y madurez que una desgracia. Salvar la relación mala y disfuncional a cualquier precio, negociando la dignidad personal y tus principios, no tiene sentido, además de ser irresponsable para con uno mismo.

No te dejes arrastrar por argumentos del medioevo. No te sientas "mala" o "malo" por actuar de manera coherente con lo que piensas y sientes. Eres libre para decidir sobre tu vida afectiva; eres el último juez de tus propias decisiones y comportamientos, duela a quien le duela. Si no violas los derechos de nadie, incluyendo los tuyos, no te avergüences por intentar ser feliz.

12
INVENTA TU PROPIO RITUAL DE DESPEDIDA

Poder decir adiós es crecer.

Gustavo Cerati

La ceremonia del adiós

El duelo es una forma de despedida, de aceptación profunda de un adiós, y la construcción de un nuevo significado de vida, un nuevo sentido donde la realidad manda sobre el deseo. No hay duelo saludable sin realismo duro y crudo. Y uno de los procesos que contribuyen significativamente a soltarse del individuo ausente son los rituales, los cuales podrían definirse como actos simbólicos a través de los cuales quedamos en paz con la persona que ya no está.

En el caso del duelo afectivo, un ritual es una "ceremonia", no para reafirmar el vínculo como en el caso de una persona fallecida, sino para ratificar y procesar adecuadamente la disolución definitiva. Este reconocimiento "protocolar", pero acompañado de una acentuada e intensa actividad emocional, pretende cortar y eliminar todo vestigio de autoengaño o esperanza inútil y establecer un alejamiento concluyente de parte del doliente. Los rituales permiten aceptar los hechos, fomentar la expresión de dolor y hacer una especie de "borrón y cuenta nueva" para seguir adelante. No pienses que este reconocimiento de la pérdida será indoloro, pero aunque así lo fuera, terminarás admitiendo que perseguir un imposible es algo tan insensato como inútil. En el fondo, todo duelo implica aprender a perder con dignidad.

El ritual que elijas para darle una nueva expresión a tu pérdida podrá ser público o privado, según te apetezca. Una paciente, que decidió cortar el sufrimiento que implicó esperar a su ex por más de dos años, llevó a cabo un "entierro simbólico". Junto a sus dos mejores amigas fue a un parque, y en un lugar descampado enterró una pequeña bolsa con las fotos y algunos objetos de su ex. Luego sembró un árbol sobre aquello. Sus amigas la abrazaron, todas lloraron, una meditó y la otra rezó junto a ella. Cuando en la consulta me relató lo ocurrido, dijo: "La verdad es que me liberé de él, de sus recuerdos, me solté de un lastre. Lo que pensé al sembrar el árbol fue que de tanto dolor, de tanta angustia, quizá podría surgir algo bueno. Al rezar sentí a Dios muy cerca de mí". Un rito laico, pero profundamente espiritual. Recuerda: tú lo inventas, tú lo creas. En otro caso, un hombre hizo una especie de catarsis narrativa. Escribió una carta de varias decenas de hojas a la ex, luego la quemó a orillas del mar y esparció sus cenizas por la playa. En esos momentos litúrgicos, en la mente de la mayoría de los afectados, sobreviene un pensamiento determinante para la salud mental: "Me cansé de sufrir", "Me cansé de ti" o "Me cansé de esperar". Cansancio terapéutico, que nos remueve cada célula y nos pone en estado de alerta. Es el cuerpo en su sabiduría quien se rebela ante la posibilidad de seguir sufriendo por alguien, y el ritual se convierte en un medio para que la trasformación personal tenga lugar.

Descubrimos a regañadientes que el mundo no es un lecho de rosas, o si lo es, comprendemos que hay más espinas que suaves pétalos. Se requiere una buena dosis de madurez para hacerle frente a la realidad de una pérdida, sea cual sea. Estar metido de cabeza en lo que es ("Ya no está") y no en lo que me gustaría que fuera ("Quizá vuelva a mí"). Cuando tu ex desparezca definitivamente de tu vida, emprenderás un nuevo comienzo, la entrada a un nuevo periodo y un cambio de identidad: ya no serás pareja de nadie, ni cónyuge ni novio ni amante, serás tú mismo al desnudo y sin falsas esperanzas.

Vademécum de rituales personalizados

Como dije antes, los rituales te ayudan a tomar consciencia de la realidad y a ubicarte en el aquí y el ahora de manera objetiva y sin ilusiones plañideras. Veamos algunos ejemplos de cómo la gente se inventa la manera de darle punto final a su proceso de duelo creando "cultos" personalizados que, aunque formalmente sean distintos, se dirigen a la misma meta: dar un cierre contundente y decisivo al vínculo. No intentes buscar la "lógica", porque el trasfondo de estos actos es alegórico y particular. Lo que funciona para uno, no necesariamente funciona para otros.

Cartas y poesías sin destinatario

Un paciente escribió un libro de poesías sobre el dolor que sentía porque su esposa lo había dejado. Lo llamó *Libro al viento*. Fueron unas cincuenta poesías, de las cuales no guardó copia ni duplicado. Durante un mes y medio, desde su balcón, lanzó un escrito cada día. Cada mañana, luego de un café y un cigarrillo, dejaba caer un texto desde el octavo piso donde vivía, y llorando lo veía descender desde lo alto, arrastrado por el viento. Según él, en esos momentos no pensaba en nada, sólo eran "pedazos de ella que se iban". Luego de esta experiencia, el duelo se resolvió rápidamente.

En otro caso, una paciente ya mayor, luego de que su amante la dejara sin dar la menor explicación, decidió escribir una "Carta a mis futuros ex". Descargó hasta el último reducto de indignación que le quedaba y lo volcó en una especie de manifiesto. Imprimió 1,222 copias, una por cada día que habían estado juntos, y salió a repartirlas a la entrada del metro cerca de su casa. Según ella misma explicaba, sólo al entregar la última copia sintió un profundo y reparador alivio. Cuando le pregunté en una sesión si aún pensaba en él, me dijo con la mayor tranquilidad: "Él murió para mí, o mejor, es como si nunca hubiera existido". Una computadora y una impresora pudieron más que varias horas de consulta.

La estrategia del cerrajero

Un paciente, cuando su novia lo dejó porque le dijo que se había enamorado de su primo, regresó al Puente de las Artes, en París, adonde habían viajado en una ocasión, y buscó por varios días el candado que habían colgado los dos luego de jurarse amor eterno. Con la ayuda de unas pinzas y mucha rabia, logró abrirlo y lo tiró al río, mientras se repetía a sí mismo: "Ya no te quiero, ya no te quiero, ya no te quiero...", y soltó una que otra lágrima. Después sacó una cerveza que llevaba en su mochila y brindó por el desamor que según él se produjo en ese preciso momento.

Crematorios laicos

La gente que practica este tipo de "exequias" no pretende honrar al muerto, sino a sí misma. Buscan "volatilizar" simbólicamente sus sentimientos negativos hacia la persona ausente. El procedimiento consiste en tomar un objeto que posea una fuerte connotación afectiva y vinculante con quien fuera su pareja, buscar un recipiente y prenderle fuego hasta verlo convertido en cenizas. Un paciente lo hizo con la bufanda de su exnovia, que ella le había entregado un día que hacía mucho frío y él guardaba con mucho cariño. El pedazo de tela aún guardaba el perfume de la mujer, por lo que el hombre decidió ponérsela por un rato y olerla; luego la colocó en una pequeña urna de metal dentro de la bañera donde había hecho el amor varias veces con ella. Lloró, se despidió, la roció con alcohol y le prendió fuego, mientras escuchaba su canción preferida. Todo un ritual pirómano sin duda. No obstante, había algo más; mientras veía quemarse la bufanda se decía a sí mismo: "Yo valgo la pena: tú te lo perdiste, tú te lo perdiste...". Autoestima de la buena. A partir de ese momento, muy pocas veces pensó en ella, y cuando lo hacía podía manejar la cuestión.

Fiestas de despedida

Recuerdo el final de la película *Filadelfia*, protagonizada por Tom Hanks y Denzel Washington (le valió al primero el Oscar como mejor actor en 1993), en la cual toda la familia y los amigos se reúnen, luego de la muerte del protagonista, en plan de homenaje y despedida en un ambiente de festejo respetuoso. Allí los invitados miran un video de su niñez, rodeados de sus pertenencias, comen y beben en un tono amable y cordial. La posición de los deudos era tranquila: "Se fue en paz, era una gran persona... Donde haya ido, estará mejor". Esperanza saludable y alivio. ¿Es posible lograr algo similar en una ruptura afectiva? ¿Cabe la festividad? Pues en mis años de psicólogo clínico he visto muchos casos en que los afectados consideran "afortunada" la pérdida afectiva, y lo que se conmemora no es a la persona ausente, sino a la persona que renace al retomar su papel de "separado" o "separada" en libertad.

Una ruptura o disolución del vínculo puede liberar al "doliente" de años de sufrimiento, por lo que a veces la palabra misma "doliente" debería cambiarse por "afortunado/afortunada". Una paciente tiró su casa por la ventana cuando su marido, un hombre muy difícil, infiel y agresivo, decidió irse con su amante. Ella tomó la decisión de hacer pública su alegría y organizó una celebración por todo lo alto y sin reservas. No era una venganza, sino la expresión de la felicidad de poder retomar su vida. Colgó carteles con la leyenda "¡Soy libre!", y cocinó todos los platos que a ella le gustaban y al ex no. Se compró un vestido muy corto color fucsia y no se puso sostén, cosa que nunca le había permitido su pareja. Un "antiluto" atrevido y simpático, rodeado de amigas y amigos. Mi paciente se homenajeaba a sí misma, era un acto de amor propio y autorreconocimiento. ¿Por qué no había dado el paso antes? Por puro miedo a equivocarse y luego a arrepentirse. El amor patológico no deja pensar. Las excusas que habían frenado su decisión eran las mismas que utilizan las personas esclavizadas e inseguras, que viven atrapadas en malas relaciones: "Hay matrimonios peores", "Él no es tan horrible", "Es el padre de mis hijos" o "Me quedaré sola". Y en este último punto sus predicciones fallaron, porque a los tres meses ya estaba con un amigo prometedor a bordo. A veces alguien debe tomar la decisión por uno, sobre todo cuando la cobardía arrecia. Festejar el fin de una mala relación es reafirmar la autonomía, es hacerla explícita, atrevida y abierta. Como ya he dicho en otros escritos, hay desamores que emancipan emocionalmente a la persona que ya no ama o ya no es amada.

Rituales de purificación

Un paciente, cansado y harto de sufrir por su ex, al cabo de cuatro meses de separado y sin esperanzas de reconciliación, decidió quitar de su departamento hasta el último vestigio de la que fuera su mujer. Sacó todas las cosas físicas que le pertenecían a ella y se las mandó a su casa; pero no contento aún, decidió "desinfectar" la casa de punta a punta. Con líquidos de limpieza, jabones, estropajos, limpiavidrios, dos empleadas domésticas y unos cuantos paquetes de incienso, comenzó lo que él mismo denominó un "rito de purificación". Me dijo en una ocasión: "No quedó nada, ni el menor indicio de ella. Cambié toallas, sábanas, cobijas, cualquier cosa que ella hubiera tocado... No quedó nada; cada lugar que limpiaba era como si estuviera aseando una parte de mi mente, como si lograra deshacer hasta el último vestigio afectivo que aún quedaba en mi memoria. Después medité, puse música sacra, me vestí de blanco y me tiré en el piso. Todo estaba inmaculado... Fue extraordinario". A las pocas horas de su curioso acto de "purificación", el dolor había cesado por completo. El rito de "limpiarse del otro", "quitarse de encima su carga", había dado resultado. Nunca más volvió a sufrir por la ex.

Las "inundaciones" o implosiones emocionales

Quiero alertar sobre este punto. Algunas personas piensan que si se inundan de todo lo que despierta el dolor o la memoria del otro (música, fotos, olores, sabores, videos, objetos especiales) llegará un momento en el que el organismo lo "absorba" o lo procese y desaparecerá. Según mi experiencia, no recomiendo hacer esto si no está dirigido por algún terapeuta con experiencia en las técnicas de inundación. Este procedimiento ha mostrado éxito en muchos casos, pero sólo cuando está debidamente programado por profesionales calificados. De no ser así, el efecto de esta implosión puede generar exactamente lo contrario de lo que se busca y el paciente podría "sensibilizarse" en vez de "desensibilizarse", y quedar mucho peor. No necesitas activar la memoria emocional hasta que explote. Hay cientos de maneras de sacar a tu ex de tu cabeza y de tu corazón sin correr riesgos inútiles.

Rituales por internet (hechizos informáticos)

Tampoco recomiendo la infinidad de "hechizos" que se sugieren por internet, algunos de ellos francamente delirantes y peligrosos para la salud física y mental. El pensamiento mágico no te sacará adelante; en el mejor de los casos obrará como un efecto placebo y te hará sentir mejor por un tiempo, pero el problema seguirá allí, enquistado y echando raíces. Confía en la ciencia y en tus capacidades. Busca una ayuda profesional seria y acreditada si ves que no eres capaz de desligarte de tu ex. Instrúyete, lucha, pero no te dejes seducir por métodos extraños y extraterrenales. Ni los duendes ni las hadas ni los brebajes harán que te recuperes a ti mismo.

13

PRÉMIATE, RELÁJATE Y CUIDA TU CUERPO

Amarse a uno mismo es el principio de una historia de amor eterna.
Oscar Wilde

Prémiate descaradamente

Sí, descaradamente, sin vergüenza y de manera casi insolente; cuando creas que lo mereces, recompénsate. Puede ser con algo material o verbal. A veces basta con un simple pensamiento: "¡Estuve genial!", "¡Este vestido me queda estupendo!" o, si se te antoja: "¡Si fuera otra persona, gustaría de mí!". ¿Mucho ego? No importa, es por un rato, es supervivencia básica. ¿Por qué no darte gusto y hacer de tu yo un templo o una fortaleza? Por ejemplo: "Hoy no llamé a ese idiota, lo saqué de mi vida por veinticuatro horas (por algo se empieza). Así que hoy me invitaré a una cena espectacular!". ¿Por qué no? Si tu ex ya no está, ¿por qué limitar la dicha de premiarte o contemplarte y mimarte con una buena comida y un buen vino? ¿Acaso tu ex se llevó tu alma, tu cuerpo y parte de tu cerebro? Eres especial, así que siéntete especial y actúa como una persona especial. Borra la autocompasión que te hunde y crea un ambiente motivacional repleto de placeres y cosas que te han gustado desde siempre. Si te morías por un helado de chocolate, devórate dos o tres: los tres a tu salud. ¿Quién dijo que tus preferencias deben cambiar porque tu ex ya no te acompaña? El helado sabe mejor solo, sin hablar con nadie, concentrado en el sabor, sacando la lengua hasta que se te antoje y relamiéndote. Tú y la dicha, cara a cara, en solitario; que tus papilas se exacerben sin la necesidad de un amor maltrecho que te acompañe.

Haz tu lista de privilegios, tu lista de premios y refuerzos, lo que de verdad te gusta y piensas que mereces. Nada a medias: elije lo que te induzca al mayor placer y, si no es dañino para tu salud, regálatelo. Gestiona el placer saludable que te provees sin culpas ni recato. No esperes a mañana. Declara hoy el día de la "premiación por existir". Se trata de un acto de autoconservación, de activar el amor propio hasta que no queden vestigios de autocastigo. Un paciente me decía: "¿Cómo voy a premiarme a mí mismo, si apenas puedo con la vida, si no tenerla a ella me quita las ganas de vivir?". Mi respuesta fue la siguiente: "La primera etapa para salir del hueco en el que estás es *dominar* la depresión, y esto implica luchar con ella y hacer lo que te gustaba antes, aunque ahora no le veas mucho sentido o no te motive. Poco a poco irás recuperado las ganas por lo que te generaba placer. Es al revés de lo que piensas: no debes 'sentirte bien' para empezar a autorreforzarte, sino que *es administrándote placer y bienestar como te sentirás bien*. Así sea un esfuerzo al principio, tu mente creará la posibilidad de alcanzar una buena autoestima que te sacuda y te aleje de la tristeza. No lo olvides: *ella no lo era todo*". Ésa es la buena nueva: ¡hay vida después del desamor, hay vida después de tu ex! Quédate con esta frase de Plutarco y hazla tuya, inclúyela en tu base de datos y sácala a relucir cada vez que puedas: "El hombre vale tanto cuanto él se estima". Tú defines cuánto vales.

Y una cosa más. No hagas a un lado el humor, así sea negro y recalcitrante; lo importante es que te sirva para canalizar la amargura. Integra el chiste, la paradoja, la contradicción oportuna, la metáfora y lo absurdo a tu vida. No digo que disfrutes del sufrimiento, sino que aprendas a reírte de tu persona sin ofenderte. No seas como esos individuos pomposos y formales que se toman muy en serio a sí mismos y ponen cara de trascendencia hasta para estornudar. Una

PRÉMIATE, RELÁJATE Y CUIDA TU CUERPO

frase anónima dice: "Cuando la vida te presente razones para llorar, demuéstrale que tienes mil y una razones para reír". No hablo de optimismo irracional y desproporcionado, sino de ser capaz de captar el contrasentido y fomentar lo que es cómico o gracioso. Un budista le dijo a una de mis pacientes que en la otra vida tendría oportunidad de subsanar el problema con el ex. Mi paciente, aterrorizada, le respondió: "¡Dios mío! ¿Usted quiere decir que me voy a encontrar otra vez con ese monstruo? Lo siento, prefiero pasarme al catolicismo. ¡Si va a ser así, con una vida basta!", Y soltó una carcajada, a la cual se sumó el budista. El humor tiene tres ventajas: levanta tu estado de ánimo, te distrae y te aleja de la gente tóxica y amargada, porque ella no lo soporta. Practicarlo es un acto de salud mental.

Relájate o medita hasta donde seas capaz

La tensión y el estrés dañan tu organismo. Durante el duelo, la mente suele fluctuar entre el pasado (lo que hice mal, lo que no hice bien, la culpa) y el futuro ("¿Volverá?", "¿Seré capaz de hacer frente a la soledad?", "¿Podré vivir sin él o sin ella?"). Como viste en el capítulo 4, "Sólo pienso en ti", es muy importante hacer frente a los pensamientos negativos (tendencia a la depresión) y catastróficos (tendencia a la ansiedad) respecto de tu ex. Hay infinidad de ejercicios físicos para relajarte. También la meditación, el yoga o el tai chi pueden ayudarte a encontrar cierta paz interior. Un encuentro con amigos saludables, un rato con tu familia o ver una película entretenida (no de despecho) te ayudarán a cortar el ciclo de las preguntas sin respuesta que te haces constantemente.

Algunas personas se acostumbran a estar estresadas y creen que es su estado natural, de modo que el sufrimiento se convierte en un hábito. Esto no tiene que ser así. Recuerdo a un paciente que

169 |

asistió a mi consulta porque "se sentía raro" últimamente. Luego de revisar el caso a fondo, el diagnóstico arrojó algo totalmente inesperado: ¡se sentía bien y por eso se sentía "raro"! Estaba tan acostumbrado a mantener niveles altos de ansiedad y estrés, que cuando su organismo lograba cierta paz, se percibía a sí mismo como "desubicado". No hagas como mi paciente. No te acostumbres a la tensión. Una más de mis pacientes lograba relajarse con unos cursos de la "danza del vientre". Otro lo hacía jugando ajedrez en los parques. Y recuerdo a una adolescente que se inscribió en un grupo de lectores de poesía. Cada quien encuentra su camino para luchar contra el estrés.

Mantén tu fisiología al día: el cuerpo también importa

Algunas personas, afectadas por un apego que les impide alejarse de su ex, tienden a descuidarse a sí mismas físicamente. Alteran su biología y maltratan su cuerpo, porque ya nada les importa: "Para qué existir sin él o sin ella". El descuido del "yo" suele ser un síntoma importante en las depresiones de diversa índole y puede dañar significativamente a quien la padece. Tú no eres una sucursal de nadie ni necesitas que alguien especial te dispense amor para que tu vida adquiera sentido. Alimentarte adecuadamente, dormir bien y asearte, entre otras formas de autocuidado, no sólo te benefician corporalmente sino también en el nivel psicológico. Fumar como un murciélago, probar drogas escapistas o atontarte con alcohol demorará tu proceso de aceptación. Tu mente no estará lúcida para ver lo que es y tomar decisiones acertadas.

Una paciente decía: "¿Para qué peinarme, bañarme o vestirme, si él no está?". Le respondí: "¿Por qué no se arregla para usted misma, para gustarse cuando se mire al espejo, para sentirse agradable a sus propios ojos y no los ajenos?". No lo entendió. En su cabeza sólo cabía la posibilidad de ponerse linda para el hombre que amaba, él lo justificaba todo, incluso ser una piltrafa. A los tres meses de separada, su figura había cambiado sustancialmente: se veía más vieja, con ojeras, había bajado diez kilos de peso y su color de piel era pálido. Cuando caminaba arrastraba los pies, y la ropa que llevaba puesta le quedaba grande y estaba sucia y arrugada. Si el sufrimiento interior se manifiesta en forma de descuido personal, hay dos consecuencias negativas que reafirmarán la idea de que uno es poco menos que un miserable y un ser despreciable (no querible).

La primera ocurre cuando nos miramos al espejo y vemos que nuestra apariencia es una muestra clara de la decadencia en la que estamos. Cuando mi paciente se vio en un espejo de cuerpo entero, dijo: "¡Con razón se fue!". De nada sirvió recordarle que, antes de la separación, su aspecto era mucho más agradable. La mente funciona en estos casos con una testarudez sostenida, y lo que busca es comprobar como sea que uno es un asco. Puro autocastigo, flagelación afectiva.

La segunda consecuencia, de tipo social, se revela en la retroalimentación de la gente. Si tu mirada, tu expresión facial y corporal, tu voz y tu apariencia en general son lamentables, la gente te tratará con lástima ("¡Pobre, qué mal está!"), se relacionará contigo desde el pesar, y confirmarás para tus adentros que eres digno de lástima. Un paciente concluyó, luego de ver cómo lo trataban sus amigos: "¡Es natural que se haya desenamorado: nadie quiere a un despojo de ser humano!". Otra vez la mente tratando de autoagredirse.

Si no comes, te desnutres; además de la angustia, deberás lidiar con una enfermedad. Lo mismo pasa si no duermes y si dejas tus rutinas diarias para encerrarte a lamentar tu vida. Si te afeas o descuidas tu figura, te sentirás desagradable por fuera y por dentro. ¿Qué quieres comprobar? ¿Que no mereces ser amado? ¿Intentas aporrear tu autoestima aún más, destruir tu autoimagen, eliminar tu yo, reducir tu humanidad a la mínima expresión? ¿Y para qué? Si tu ex no está, te queda algo maravilloso que nadie te puede arrebatar: tu persona. Si él o ella no está, estás tú, tu vida, tus sueños, tu potencial, tu humanidad.

La clave es: si no te gustas, no le gustarás a nadie; si no te amas, nadie te amará de verdad; si no te respetas, te faltarán al respeto. Ése es el juego: irradias lo que eres y afectas positiva o negativamente lo que te rodea. Tienes el don de crear un ambiente repleto de bienestar o un nicho depresivo a tu alrededor. Empieza por lo más básico: no agaches la cabeza, no te desprecies, engalana tu existencia, embellece tu ser.

14

TOMA EL CONTROL DE TU VIDA Y REINVÉNTATE

La vida no se trata de encontrarte a ti mismo,
la vida se trata de crearte a ti mismo.
GEORGE BERNARD SHAW

Construye un nuevo proyecto de vida personal

Hay momentos en la vida en que debemos entrar a un "estado revolucionario", es decir, propiciar un cambio radical de aquellas estructuras y paradigmas cognitivos que bloquean la mente, renovar nuestra visión del mundo y las creencias centrales que nos habían caracterizado hasta el momento. Como si un pescado saltara de una pequeña pecera al mar inmenso; ése es el impacto de un cambio radical. Se trata de una transformación en la que reacomodamos nuestro ser porque percibimos muy profundamente que la realidad en la cual estábamos dejó de ser la misma. Si lo que está a tu alrededor se modifica y tú sigues igual, te acabas, te quedas rezagado de la existencia. Perseguirás tu propia sombra o la de tu ex.

En esta fase de recuperación sentirás que tu ex te interesa cada vez menos. La desvinculación empezará a gestarse. ¿En qué concentrar tu energía? En vivir intensamente y existir hasta las últimas consecuencias Harás una lectura actualizada del día a día, tomarás el control, revisarás las viejas metas y construirás otras nuevas. Examinarás tus antiguos objetivos a fondo y tirarás muchos a la basura. Y en este proceso de cambio y recambio es posible que descubras algo que siempre había estado en ti y tenías abandonado: la libertad emocional. Una libertad nueva y, para muchos, desconocida.

Comprenderás que no es imperioso que alguien te susurre cosas bellas al oído y que puedes ser feliz sin él o sin ella. Empezarás a soltarte de las cadenas que te ataban a tu ex.

Para empezar tu proyecto de vida hazte dos preguntas esenciales: *¿qué quiero hacer de mi vida?* y *¿qué es lo que realmente me agrada?* Has pensado tan poco en ti, que debe resultarte difícil hacerlo con naturalidad. Una paciente me decía: "Doctor, usted me pregunta qué quiero y cuáles son mis metas... Realmente nunca he pensado en ello. Todos mis pensamientos eran para él". Debido a su dependencia emocional jamás se había preguntado *qué quería ella*, *para ella*. No digo que hayas de olvidarte de quienes te rodean, sino que no te olvides de ti. Si tu vida giraba alrededor de tu ex, ahora girará alrededor tuyo; sin egoísmos, sino de una manera sensata y práctica. Es un hecho: para amar sanamente a los demás, debes primero fortalecer tu autoestima.

¿Qué quieres hacer de tu vida? ¿Quieres estudiar? ¿Dedicarte a algún trabajo en especial? ¿Qué es lo que "pagarías" por hacer? Yo sé que no siempre es posible volcarse de lleno y de manera inmediata a la vocación más sentida; sin embargo, es vital que tomes consciencia de tus deseos más íntimos y que orientes el rumbo adecuadamente. Por ejemplo, si de joven querías aprender a tocar un instrumento y ahora no tienes tiempo debido a tu trabajo, no lo deseches. Hazlo en tu tiempo libre, aprovecha cada segundo para aprender lo que siempre quisiste. Métete esto en la cabeza: nunca es tarde. ¿Prefieres una actividad social, espiritual, comunitaria? ¿Amaste siempre la lectura? ¿Quieres montar un negocio? ¿Aprender a cocinar platillos exóticos? Lo que sea. Ahora que tu mente vuelve a pertenecerte, como suelen decir: el cielo es el límite. Construye un plan guiado por el corazón, sin olvidar la razón. No necesitas tener una pareja para abrirte paso por la vida. Tómate un respiro y define un espacio de "yo con yo", donde no quepa tu ex.

Una transformación profunda ya se está gestando en ti. Observa el proceso y disfrútalo. Lo único que no tienes que hacer es cruzarte de brazos y esperar a que las cosas se modifiquen por sí solas. Repito: tu existencia ha dado un giro de ciento ochenta grados. Cada día serás más independiente. Sacúdete y confróntate. Sal a luchar por tu felicidad. Recupera las viejas pasiones e inventa otras. Métete de cabeza al mundo. Llénate de optimismo y vacíate de aquel hombre o aquella mujer que no te dio respiro.

La vida sigue: curiosea, explora, sorpréndete

Si has llegado a esta etapa del duelo, ya no eres la misma persona. Algo le hará cosquillas a tu ser, algo te empujará a destapar tus sentidos y motivaciones: la curiosidad. La mayoría de las personas, luego de alejarse de su ex y llorar lo que no está escrito, sienten un fuerte impulso por intentar recuperar el tiempo perdido. Un querer saborear y disfrutar cada momento de la existencia. Como aquel pez que descubre el mar, saltarás de la depresión y la tristeza al mundo sibarita de los placeres que tenías olvidados. Es verdad que algunas heridas todavía estarán cicatrizándose. También habrá tropiezos, recuerdos inoportunos, pero serán cada vez menos incómodos y dolorosos. Cada vez que te veas tambalear, apóyate en el autorrespeto y la dignidad que siguen firmes. No lo dudes: curiosea, explora, investiga. No me refiero a que te revuelques obsesiva y locamente en experiencias de una noche. Hablo de otro tipo de "aventuras", por ahora no afectivas, que te permitan entrar en contacto con el mundo y las personas de manera amigable y pacífica. Aleja cualquier tipo de violencia física o psicológica: ni odios ni venganzas. Decir que "la vida sigue" significa que entrarás a formar parte de cada experiencia y suceso que valgan la pena. Y para hacerlo no necesitas que nadie te lleve de la mano.

No empieces con resquemores y exigencias tontas. Por ejemplo: si un amigo o amiga te invita a una función de ópera, no digas que no te gusta la ópera, si nunca has ido a una: ensaya o dale otra oportunidad al tenor y la soprano. Prueba comidas nuevas, peinados arriesgados, colores distintos en tu ropa, en tu maquillaje, en el decorado de tu casa. No le hagas pataletas a las oportunidades de hacer contacto total con la realidad. Eso sí, trata de adoptar un modo "reposado" ante el sexo opuesto, es decir: no estés imaginando ser la pareja de cada chica o chico que se te cruza por el camino; al menos por un tiempo, hasta que estés más fuerte. Tampoco cargues esa "cara de soledad", típica de los despechados, a cada lugar que vas. Antes la vida pasaba por tu lado y ni te dabas cuenta; hoy estás tratando de sacarle el jugo a cada estímulo que te roza, sin necesidad de compañía. Estás desarrollando tu capacidad de ponerte a prueba, de atreverte a vivir sin muletas afectivas.

Invítate a salir un día cualquiera. Mándate un mensaje y trata de seducirte. Pide reservación en el mejor restaurante de la ciudad. Vístete con elegancia, ponte el mejor perfume y ve a tu cita. Siéntate en la mesa con la frente en alto y una sonrisa. Pide un vino, elige un buen platillo. Hazlo un sábado en la noche para dejar claro que no necesitas una pareja para darte gusto. Contémplate. Tómate tu tiempo. Degusta cada bocado, cada sorbo. Ignora las miradas de los comensales (algunas serán de admiración por tu "valentía", y otras dejarán ver que piensan que "no tienes con quién ir"). Piensa que estás allí porque se te dio la gana y que si tuvieras pareja, así fuera la mejor del mundo, harías lo mismo de vez en cuando ¿Por qué no? Quizás antes no ibas ni siquiera a un cine sin él o sin ella. Todo era a cuatro manos y estaba diseñado para dos, cuando es evidente que hay cosas que sólo son para uno, y la pareja sobra.

Crecimiento postraumático

Podrás pensar que soy demasiado optimista y que no es tan fácil salir del atolladero afectivo. Sin embargo, las investigaciones muestran que tras una pérdida, muchas personas "crecen" y desarrollan su potencial, en vez de ir cuesta abajo. Aprenden a conectarse con sus emociones e incrementan su autoconocimiento. No digo que no duela; lo que trato de explicarte es que, pese al sufrimiento y todo por lo que pasaste, el saldo puede ser positivo. Tu filosofía de vida y tu visión del mundo no serán las mismas. Muchas víctimas de una pérdida, al cabo de un tiempo, atestiguan un mayor sentimiento de gratitud con lo que las rodea, más seguridad en sí mismas y una sustancial mejoría en las relaciones interpersonales. Esto no es magia, es crecimiento en estado puro. Lo he visto por años en muchos de mis pacientes que pasaban de una situación traumática a una mejoría que iba más allá del funcionamiento previo. Tal mejoría no se reducía a una mera supervivencia o a la capacidad de aguantar los golpes: el trauma producía un salto cualitativo y los ubicaba en un nivel mayor del que ocupaban antes de la situación negativa. Se convertían en mejores personas. Repito: no todo era color de rosa, lo negativo convivía con lo positivo, hasta que este último ganaba la batalla.

Notarás el crecimiento en cada uno de los siguientes ejes: *frente a tu persona, frente a los demás* y *frente a tu filosofía de vida.* Cada quien define el ritmo y la manera de avanzar. Lo importante es que estés consciente de que la situación "traumática" puede llegar a fortalecer, paradójicamente, tu "yo".

Frente a tu persona

Habrá un cambio de percepción de quién eres en sentido positivo. Te mirarás con otros ojos. No habrá victimización. Serás más consciente de tu persona, más resistente y valiente. Te querrás más a ti mismo o a ti misma y harás un pacto amistoso con la soledad. Verás cómo, aunque tus neuronas y circuitos cerebrales te empujan al recuerdo de tu ex, tu mente será cada día más poderosa y no se dejará seducir por lo que fue. Habrás creado algo extraordinario: resiliencia afectiva. Dos pensamientos clave fortalecerán tu autodeterminación: "Puedo estar sin ti" y "La felicidad depende de mí, está en mis manos y no en las tuyas". Que este principio quede grabado en cada célula de tu cuerpo: *no necesitas a tu ex para realizarte como persona*. No te imaginas la cantidad de mujeres y hombres que descubren al cabo de un tiempo que su ex pareja era un verdadero estorbo para el desarrollo de su potencial humano.

Frente a los demás

Tus relaciones interpersonales serán más dignas. Si antes eras una persona que a todos decía "sí", la asertividad hará maravillas y serás capaz de negarte cuando creas que no es justo o se atenta contra tus derechos y principios. (Piensa cuántas veces dijiste "sí", queriendo decir "no" a tu ex.) Ya no te llevarán como una oveja al matadero por el miedo al "qué dirán". La autonomía irá creciendo mientras se afloja la dependencia. Ya no querrás relaciones tóxicas ni vínculos donde se te manipula por una absurda necesidad de aprobación, así el amor te empuje irracionalmente. No buscarás a la gente porque te sientes sola, sino porque te nace, sin apegos ni actitudes compensatorias. Podrás discriminar entre relaciones sanas y enfermizas y no entrarás en el juego de la dominancia/sumisión. Y algo más: notarás que la gente te respeta. Harás a un lado la paranoia y la desconfianza porque tus niveles de autoeficacia habrán crecido sustancialmente. Tu vida laboral, familiar y social será más relajada, honesta y sincera. No es el paraíso ni una utopía emocional: *es lo normal en personas saludables que no se han doblegado a un amor enfermizo y dependiente.*

Frente a tu filosofía de vida

Tus prioridades cambiarán. Habrá una reestructuración de tus valores y del significado de muchas cosas que creías inamovibles. Serás más flexible. Las preguntas básicas sobre la muerte, el sentido de la existencia, los "porqués" sobre la vida, el sufrimiento o el futuro, entre otras, estarán a la orden del día. Hacer a un lado a tu ex producirá en ti una visión del mundo más provechosa y coherente. Repasarás cada convicción y cada punto de vista, para que aflore un nuevo esquema constructivo que te empuje hacia arriba. Tu vida espiritual cobrará más fuerza, y muchas virtudes olvidadas saldrán a flote. Querrás observar o contemplar el mundo, y no sólo participar de él. Estos cambios en tu filosofía de vida no te ocurrirán por obra y gracia de un milagro, sino porque, en términos de procesamiento de la información, habrás formateado gran parte de tu mente. La sensación será la de volver a nacer. Una cosa tendrás clara y te servirá de guía: nadie, y menos tu ex, podrá detener tu crecimiento interior.

El perdón como liberación personal

La persona que fue tu pareja puede generarte muchos sentimientos encontrados: resentimiento, compasión, amor, odio, tristeza,

YA TE DIJE ADIÓS, AHORA CÓMO TE OLVIDO

decepción, y otras. A veces la maraña se hace indescifrable y difícil de identificar; sin embargo, si prestas atención, sabrás discriminar cuál es más molesta. Una paciente me decía: "Lo que nunca le *perdonaré* a ese idiota es que no fue capaz de amarme". Le respondí que el amor no era una obligación, y se ofuscó. En su mente había un principio irracional e infantil de reciprocidad emocional: "Si yo te amo, tú debes amarme. Y si no lo haces, eres una mala persona". Me apresuré a explicarle que, si bien su ex tenía el "derecho a no amarla", también tenía la obligación ética de ser sincero y mantenerla informada, cosa que no había hecho. Ella se sentía engañada porque el hombre había representado el papel perfecto de esposo amante, mientras que por dentro avanzaba su desamor. No dijo nada, no intentó nada. La separación fue dolorosa, y ella albergaba un gran rencor, el cual había generalizado de modo que le impedía relacionarse con otras personas del sexo opuesto. Sólo pudo recuperarse cuando logró perdonar a su ex (es decir: quitarse el enquistamiento del rencor que no la dejaba vivir). Comprendió que no la merecía quien la lastimaba, y rompió la cadena de "lo que podría haber sido y no fue" que la ataba al pasado.

El resentimiento es una carga difícil de llevar porque ocupa mucho espacio mental y se alimenta de los recuerdos. O sea: si no le haces frente, hace metástasis. Además te lleva a un aislamiento emocional defensivo y, en consecuencia, bloquea la posibilidad de establecer vínculos afectivos estables y tranquilos. Es como una espina clavada en el cerebro. Si quieres sacarte a tu ex de encima y mandarlo lejos, con serenidad y sensatez, de algún modo debes llegar al perdón, que no es "olvido" ni humillación ni justificación, sino simplemente recordar sin dolor. Ten en cuenta que el acto de perdonar no llega de pronto: es una decisión y requiere de un proceso previo.

Aunque no estoy de acuerdo con la venganza como estrategia de retaliación, alguna vez leí que la mejor manera de vengarse del ex es ser feliz. Yo cambiaría la palabra *venganza* por *desapego*; diría: "La mejor manera de *desapegarse* del ex es ser feliz". No me cabe duda. Intenta crear un espacio motivacional de placer y satisfacción que te haga sentir cada vez mejor, sin llevar a cuesta emociones destructivas. Sin ira, sin mortificación ni sentimientos dañinos: si el camino de la paz interior es perdonar, recórrelo. El odio puede mantenerte atado a tu ex tanto como el amor. Déjalo ir. Déjala ir. Haz efectiva la pérdida sin resentimientos. Después de todo, se trata de liberarte del peso de lo que fue, para arrancar liviano o liviana hacia lo que será. Reconstruirte implica soltar aquello que te ata a una experiencia mala o incompleta; a veces es la *esperanza inútil* y otras el *rencor*. Para vencer la primera existe el realismo cognitivo (tal como viste a lo largo de este libro: ver las cosas como son), y para hacerle frente al resentimiento existe el perdón. El crecimiento personal, y la liberación emocional que lo acompaña, requieren de la capacidad de hacerle el duelo al odio. La premisa es determinante: siempre es mejor perdonar que intentar destruir a tu expareja. Puedes sacar a tu ex de la cabeza y el corazón sin utilizar el menor rastro de violencia física o psicológica.

Para que lo tengas más claro, una vez más: perdonar no es olvidar, sino recordar sin dolor y sin rencor. Es una decisión. Tampoco implica negociar con los principios y los valores que te definen ni doblegar tu propia dignidad. Perdonar no es cruzarte de brazos y ver cómo el otro arremete contra ti, tratando de acabar contigo; no es poner la otra mejilla. Uno puede dejar de aborrecer al culpable y aun así seguir exigiendo que se aplique la justicia frente a ese individuo en cuestión. El perdón o la misericordia no significan abdicar de lo que creemos justo, sino defenderlo.

En otras palabras: perdonar no exime de la justicia. Por eso una paciente mía, que era regularmente maltratada por su pareja, un día, cuando logró salir adelante y superar su dependencia emocional, le dijo a su compañero en mi presencia: "Te perdono, pero te dejo". El hombre no entendía y veía cierta contradicción en lo que ella decía, porque creía que el perdón implicaba clemencia y hacer borrón y cuenta nueva "como si nada hubiera pasado". Y no es así. El mensaje es conciso y contundente: "No hay rencor en mí, pero vete". Si quisiéramos desarrollar más el contenido, podríamos decir algo así:

> No te odiaré por lo que me has hecho. No te guardo rencor ni te deseo el mal. Te perdono en pleno uso de mis facultades, pero eso no implica que debamos seguir juntos. ¿Las razones? El desamor, el autorrespeto y mis principios. Tanto castigo y tanta humillación me alejaron afectivamente de ti. *He decidido no amar a mi verdugo.* Perdonarte no es olvidar, es limpiar mi alma y mi mente del rencor. Te deseo lo mejor, pero no quiero que estés en mi vida un momento más.

Y adiós.

Algunos caminos para alcanzar el perdón

Aunque puedan existir más opciones, según mi experiencia como terapeuta éstas son las formas más comunes de perdonar a las personas en general, y a tu ex en particular (insisto en que el perdón no implica volver a estar juntos). Cada uno transita su propio camino. Cada quien es el dueño de su dolor. Es obvio que el perdón, como el amor, no se obliga ni se exige: *es una decisión que nadie te puede imponer.*

El camino de la compasión. Compartir el dolor no es perdonar, pero a veces, al ver sufrir al infractor e involucrarse en su dolor, el perdón empieza a gestarse, el corazón se ablanda y la empatía se dispara. De pronto la mente empieza a dar un giro: "Tu dolor me duele".

TOMA EL CONTROL DE TU VIDA Y REINVÉNTATE

A mi modo de ver, la compasión prepara el camino para dar el salto hacia el perdón.

El camino de la comprensión. Es el preferido de los psicólogos clínicos. No obstante, hay muchas dudas al respecto. ¿Perdonar es comprender? No necesariamente. Ante una agresión, puedo buscar razones y atenuantes, y pese a todo, sentir odio por quien me infligió el daño. El filósofo Vladimir Jankélévitch afirmaba que además del conocimiento se necesita un impulso agregado, una energía suplementaria, para que el perdón tenga lugar. De tanto machacar, de tanto ponerse en los zapatos del otro, hay ocasiones en que el perdón asoma como una bendición o un alivio, más o menos "comprensible". Comprender y explicar las causas que llevaron a tu pareja a amargarte la vida no implica que lo justifiques. Un hombre me decía: "Ella tuvo una familia disgregada, malos ejemplos. También sufrió de abandono y es muy insegura de sí misma. Todo eso lo entiendo, pero nada justifica el daño que me hizo. Hoy no soy capaz de perdonarla porque aún siento rabia. Quizá con el tiempo, cuando todo se apacigüe...".

El camino del desgaste. En los dos puntos anteriores, el proceso estaba centrado en el otro: en compadecerlo o comprenderlo. En este caso el camino es más autorreferencial. Hay ocasiones en que el desgaste que genera el rencor es tal que la persona decide perdonar como un acto de supervivencia: "El rencor me está matando. Me cansé de sufrir". No hay amor ni compasión ni comprensión, sólo cansancio esencial que se revierte sobre sí mismo: odiar el odio. El perdón como mecanismo de defensa, como un recurso del *yo* sin importar tanto el *tú*: un autorregalo: "Te perdono porque quiero seguir viviendo en paz". Y el ofensor ni siquiera debe enterarse. Lo hago por mí, por amor propio, por conservar mi salud y mejorar mi calidad de vida.

El camino de la comparación. Es una forma de identificación por lo bajo: "El que esté libre de culpa, que tire la primera piedra", enseñó Jesús. Existe entonces otra entrada al perdón, y es la de compararme con la persona que me lastima. ¿Cómo odiar a quien se me parece sin odiarme a mí mismo? Aquí el *yo* se involucra de otra manera. El mecanismo de identificación con el agresor no se hace desde el afecto, sino desde la razón que coteja: "¿Cómo no perdonarte si yo hubiera hecho lo mismo?". Una mujer, luego de meditar sobre el abandono que había sufrido, llegó a la siguiente conclusión: "Ya no me quiere. Me duele hasta el alma aceptarlo. Y ni siquiera tiene a otra... Simplemente me dejó de amar. ¿Qué le puedo decir, doctor? Me podría haber pasado a mí. Yo podría haberlo dejado de amar... Y pensándolo bien, sí me ocurrió con mi primer novio. Después de cinco años, me quedé vacía por dentro. No hubo mala intención en mí, sólo desamor. Ni siquiera tengo que perdonarlo, le puede pasar a cualquiera... No hay el menor rastro de ira o rencor en mí, sólo dolor". Inteligencia emocional, es verdad que sufriente, pero inteligencia al fin. La actitud realista y el perdón la llevaron a elaborar su duelo de manera adecuada y sin complicaciones.

El corazón no se jubila

No hagas como aquellas personas que sufren de amorofobia (miedo a enamorarse otra vez) porque han sufrido tanto, que escapan ante la sola idea de repetir la tortura que vivieron debido a sus pérdidas afectivas. No hagas como el gato que se sentó sobre un fogón prendido y a partir de ese día nunca más se sentó. Como vimos antes, tampoco se trata de pensar que un clavo saque otro y salir con desesperación a buscar un reemplazo. Entre un extremo y el otro, está la moderación afectiva: deja la puerta entreabierta. Si la persona que golpea vale la pena, ábrela de par en par, y si no te satisface, ciérrala con prudencia para no darle en las narices. Lo que no debes hacer es echarle llave y clausurarla con carácter definitivo. No quites la posibilidad de enamorarte otra vez. He visto infinidad de casos en que la resistencia es superada casi de inmediato y la puerta se tumba intempestivamente (ni siquiera se abre), porque alguien inesperado y ni siquiera imaginado te activa hasta la última hormona de tu cuerpo. Los "afectados" suelen decir: "No me lo esperaba", "Me enamoré como un adolescente", "No pensé que podría pasar a mi edad", y así. Y también he visto cómo más de una cerradura va cediendo poco a poco a los intentos de un nuevo amor que se infiltra lentamente, de manera reposada, como un buen vino, y a una pasión en ascenso. Como sea, desde el enamoramiento alocado o desde el sosiego de un amor tranquilo, tu corazón, en cualquier momento, puede bajar las barreras que impuso el temor. Así que no hagas el ridículo, no vayas por ahí notificando que te has pensionado emocionalmente, ya que lo más probable es que te vuelvas a enganchar con alguien.

¿Qué hacer con el miedo a fracasar nuevamente? Las personas que logran enfrentar y superar una pérdida afectiva adquieren lo que llamo la sabiduría del "no". Quizá nunca sepan qué es lo que quieren exactamente o lo que esperan del amor, pero sí tendrán claro lo que *no* quieren, lo que no desean repetir, lo que les repugna, lo que jamás consentirían, y esto les sirve como criterio de descarte. Si tienes claro lo que no estás dispuesta o dispuesto a negociar en una nueva relación, lo que no va contigo, sabrás cuál es el límite, cuándo renunciar y cuándo insistir.

Y un dato más: gracias a la sabiduría del "no", ya no construirás falsas expectativas ni te aferrarás a una esperanza irracional e inútil. Es posible que la pérdida afectiva te haya vacunado contra la "ilusión emocional irracional". El amor se mide por los hechos. Si no se pasa de las palabras a la acción, ese amor no te sirve; es puro *bla, bla, bla*. El refrán lo explica bien: "Obras son amores y no buenas razones". Ser realista no significa que debas convertirte en una persona fría y calculadora, sino en alguien más lúcido, aterrizado y sensato. ¿Romanticismo? Por supuesto, pero con quien valga la pena. Con los principios claros y la capacidad de discernir a flor de piel: ya no serás una veleta que va hacia donde el viento indique; tendrás un motor interno de última generación. Ni tu ex ni el amor podrán aplastarte, si no los dejas.

EPÍLOGO

El hábito de estar con alguien, su cuerpo, su olor, sus gestos y muchas cosas más, generan un esquema del ser amado que se emplaza en nuestra mente como una cuestión esencial. El otro se vuelve imprescindible, y ni siquiera concebimos una vida sin su presencia. Y de todo esto, de esa repetición y del encuentro íntimo con la persona amada, si lo manejamos mal, nos apegamos, creamos un vínculo adictivo: "No puedo vivir sin ti". Pero no siempre el idilio va por donde queremos, y en ocasiones la supuesta estabilidad afectiva que creíamos haber conseguido se rompe. Por la razón que sea, la relación se hace añicos, se vuelve insoportable o imposible, y entonces nos extraviamos en una pérdida para la cual no estábamos preparados. No sabemos qué hacer. Quien hasta ayer estaba a nuestro lado, hoy ya no está. ¿Cómo aceptarlo? ¿Cómo poder seguir sin él o ella? La realidad va para un lado: "Ya te dije adiós", se acabó, y el corazón, tozudo, va por otro: "Siento que aún me pertenece, que yo le pertenezco".

Si llegaste a esta parte del libro, te habrás dado cuenta de que, cuando nada puede hacerse, la cuestión queda en tus manos: *tú debes liderar el cambio*. Es tu tarea procesar la pérdida, sacar a tu ex de la cabeza y del corazón. Existe un conjunto de técnicas, sugerencias, consejos, prácticas, antídotos y estrategias, que si los ejecutas y los pones al servicio de un realismo inteligente y saludable, se convierten en armas poderosas para elaborar adecuadamente el duelo amoroso. Es posible desprenderte y seguir, levantar cabeza y reinventar tu capacidad de amar. Cuando logres hacerlo, te convertirás en un sobreviviente del amor, con la sabiduría que ello implica. Dicen que el corazón a veces "se rompe", que hay que restaurar el "corazón roto", pero yo sostengo, de acuerdo con mi experiencia, que sólo se magulla, que no se parte, que no se jubila y que, incluso, puede reestructurarse para bien con una fuerza inusitada.

Las situaciones límite te llevan a saber más de ti, a conocerte de una manera más profunda y honesta. Tu ex ya no está, y sin embargo tú sigues adelante, más consciente que nunca. Cuando en otros libros he afirmado: "No te merece quien te lastima o quien no te quiere bien", quiero decir que aun en las pérdidas afectivas más terribles, o en el peor y más crudo desamor, la gente se recupera cuando echa a rodar la dignidad personal y el autorrespeto. No son palabras ni consolaciones bobaliconas, es verdad: los que están apegados a su ex o a un amor imposible pueden soltarse de manera definitiva, y la gran mayoría es capaz de hacerlo.

Lee esta guía las veces que sea necesario. Tenla a la mano. Cuando creas que está todo perdido y que te vencerá el dolor, recurre a ella. Recuerda que en este contexto, olvidar no es sufrir amnesia; es *vaciar de contenido emocional* el recuerdo de quien estuvo a tu lado. Sin odios, sin rencores, incluso con un afecto positivo (cuando la historia de la relación lo permite), pero sin la necesidad y la angustia de querer "poseer" otra vez a la persona que ya no está. Si dejas de mirar atrás, descubrirás que delante de ti te espera un mundo lleno de posibilidades, un crecimiento que te llevará a desarrollar hasta la última de tus potencialidades. Serás libre, "afectivamente libre". Bienvenido a tu nueva vida.

Bibliografía

Altmaier, E.M. y Hansen, J. (2012). *The Oxford handbook of counseling psychology*. Nueva York: Oxford University Press.

Clark, D.A. y Beck, A.T. (2012). *Terapia cognitiva para trastornos de ansiedad*. Bilbao: DDB.

Clark, D.M. y Ehlers, A. (2004). Posttraumaric stress disorder: From cognitive theory to therapy. En Leahy, R.L., *Contemporary cognitive therapy*. Nueva York: The Guilford Press.

Diminich, E.D. y Bonanno, G.A. (2014). Faces, feelings, words: divergence across channels of emotional responding in complicated grief. *Journal of Abnormal Psychology*, 123, 350-361.

Dobson, K.S. (2010). *Handbook of cognitive behavioral therapy*. Nueva York: The Guilford Press.

Fried, E., Bockting, C., Arjadi, R., Borsboom, D. Amshoff, M., Cramer, A.O., Epskamp, S., Tuerlinckx, F., Carr, D. y Stroebe, M. (2015). From loss to loneliness: the relationship between bereavement and depressive symptoms. *Journal of Abnormal Psychology*, 124 , 256-265.

Kazantzis, N., Reinecke, M.A. y Freeman, A. (2010). *Cognitive and behavioral theories in clinical practice*. Nueva York: The Guilford Press.

Kübler-Ross, E. (2010). *Sobre la muerte y los moribundos*. Barcelona: Debolsillo.

Lazarus, R.S. (2000). *Stress and emotion*. Nueva York: Springer.

Neimeyer, R.A. (2007). *Aprender de la pérdida*. Barcelona: Booket.

Prigerson, H.G.L., Vanderwerker, L.V. y Maciejewski, P.K. (2008). Complicated grief as a mental disorder: inclusion in DSM. En M. Strobe, R. Hansson, H. Schut y W. Stroebe (Comps.), *Handbook of bereavement research and practice: 21st century perspective*. Washington: American Psychological Association Press.

Puigarnau, A.P. (2011). *Las tareas del duelo*. Barcelona: Paidós.

Riso, W. (2013). *Se fa male non vale*. Milán: Edizione Piemme.

Schacter, D.L. (2009). *Los siete pecados de la memoria*. Barcelona: Ariel.

Shah, S.M., Carey, I.M., Harris, T., DeWilde, S., Victor, C.R., y Cook, D.G. (2013). The effect of unexpected bereavement on mortality in older couples. *American Journal of Public Health*, 103, 1140-1145.

Tedeschi, R.G. y Calhoun, L.G. (2006). *Handbook of posttraumatic growth*. Mawhaw, NJ: Lawrence Erlbaum Associates.

Vázquez, C. y Hervás, G. (2008). *Psicología positiva aplicada*. Bilbao: DDB.

Worden, J.W. (2009). *El tratamiento del duelo: Asesoramiento psicológico y tera-pia*. Barcelona: Paidós.

9 meses

That's how long It's been, Toda a sido un blur all is just fuzzy, Pain, sadness Has It really been that long?

Esta obra se imprimió y encuadernó
en el mes de agosto de 2017,
en los talleres de Impregráfica Digital, S.A. de C.V.,
Calle España 385, Col. San Nicolás Tolentino,
C.P. 09850, Iztapalapa, Ciudad de México.